Consultocratie

Direction éditoriale : Philippe Bultez Adams
Édition : Florence Devesa

Imprimé en France sur les presses de l'imprimerie Laballery
sur Munken Print White 18, 80 g/m² d'Arctic Paper

Photogravure : IGS

ISBN : 978-2-36405-223-9

www.fypeditions.com

FYP éditions remercie le Conseil régional et la DRAC de la région
Nouvelle-Aquitaine pour leur soutien à notre programme éditorial.

Audrey Boulard
Eugène Favier-Baron
Simon Woillet
Adrien Saint-Fargeau

CONSULTOCRATIE

Les nouveaux mandarins

FYP éditions

Nous tenons à remercier les sénateurs pour leur rapport,
Caroline Michel-Aguirre et Matthieu Aron pour leur enquête magistrale
sur les cabinets de conseil ainsi que Frédéric Pierru pour
sa bienveillance, ce livre lui doit beaucoup.

« Robert Dahl, dans son ouvrage *Qui Gouverne ?*,
définissait l'influence par la célèbre formule :
"A exerce un pouvoir sur B dans la mesure où il obtient de B
une action Y que celui-ci n'aurait pas effectuée autrement".
A c'est un cabinet de conseil, B c'est le gouvernement
et Y c'est la casse des services publics[1]. »

1. Extrait de la contribution du groupe communiste CRCE (Groupe Communiste républicain citoyen et écologiste au Sénat) au Rapport de la Commission d'enquête sur l'influence croissante des cabinets de conseil privés sur les politiques publiques.

Sommaire

Préface

Benjamin Morel

Dans *Démocratie et totalitarisme*, Raymond Aron évoque la légitimité du politique comme un concept magique permettant d'articuler le pouvoir et l'obéissance[1]. Toutefois, pour être légitime, il convient d'établir d'où vient ce pouvoir, et ce qu'il fait. Or, c'est là que le titre de cet ouvrage vise particulièrement juste et qu'il mérite en lui-même que l'on s'y arrête. Si le rapport de la Commission d'enquête sénatoriale sur l'influence croissante des cabinets de conseil privés sur les politiques publiques a eu un tel écho, c'est que, justement, il touchait au cœur la légitimité du politique. Non seulement ceux qui semblent disposer d'un pouvoir étendu au cœur de l'État sont des conseillers privés défendant tout sauf l'intérêt général, mais en plus les solutions qu'ils vendent, cher, sont, la plupart du temps, inutiles quand elles ne sont pas risibles. Si la solution de l'externalisation peut

1. Raymond Aron, *Démocratie et totalitarisme*, coll. « Folio Essais », n° 69, Gallimard, 2007, p. 52.

parfois s'entendre lorsqu'elle vient combler des manques ponctuels en interne, sa systématisation conduit à rompre la logique même de l'État bureaucratique et rationnel wébérien. Non seulement le titre du pouvoir n'est pas légitime, mais son exercice n'est pas non plus justifiable. Après plusieurs années de questionnement sur l'efficacité du politique et de l'administration devant les crises profondes qu'a traversé le pays, un tel constat ne pouvait que piquer à vif.

Il n'en reste pas moins que si le rapport montrait l'absurdité d'un système, il restait à remettre ce dernier en contexte et à l'inscrire dans une réflexion historique et théorique sur l'État. C'est toute la force et l'intérêt de cet ouvrage. Celui-ci recontextualise le sujet en mettant en avant l'état actuel de la recherche scientifique. Car derrière les cabinets de conseil et leurs formules toutes faites, il y a, en France comme à l'étranger, un vrai travail de recherche mené par les sciences politiques et les sciences administratives. Souvent inconnu des politiques et de la haute administration, qui trouvent plus efficace de s'abreuver de fiches synthétiques composées de concepts creux, il offre des outils conceptuels heuristiques pour comprendre et saisir ce qui aujourd'hui a cessé de fonctionner dans notre État. L'ouvrage s'attache également à une recontextualisation historique plus que bienvenue. Il serait à la fois absurde de voir dans la pathologie de l'action publique analysée une simple « Affaire McKinsey », ou même une errance propre au premier quinquennat d'Emmanuel Macron. Certes, les hommes et leurs choix jouent un rôle, illustrant jusqu'à l'absurde la logique d'un système qui les porte. Toutefois, les auteurs montrent que cette évolution est à situer dans le temps long mariant une évolution idéologique, organisationnelle et sociologique de l'administration. Ainsi on ne peut comprendre le rôle occupé par les cabinets de conseil sans la mettre en perspective au sein d'une réflexion plus large relative à l'imposition d'une logique managériale. Le livre montre à cet égard que les cabinets de conseil ne sont qu'un maillon de cette transformation de l'État. Si le recours à leur service s'inscrit dans une idéologie dont ils ne sont pas les auteurs, ils ont su se rendre indispensables. Chargés de réorganiser le système, ils ont réussi à s'y ménager une place devenue incontournable. Le livre donne également à voir que l'influence des cabinets n'est pas seulement délétère par la mauvaise gestion des politiques publiques qu'elle impose, mais aussi parce qu'elle constitue une courroie de transmission idéologique. Si « innover, c'est penser à côté », aurait dit Einstein, en déléguant sa capacité de réflexion, l'État s'est interdit d'inventer et s'est ainsi condamné à bégayer des solutions ayant surtout pour but de servir les intérêts commerciaux de ceux qui les vendent. C'est un constat dur, surtout quand on sait qu'en la matière rien n'a été imposé. Le livre montre en quoi cette évolution n'est pas seulement une importation, mais quelque chose de très ancré dans les élites françaises, politiques, administratives, voire universitaires, que l'on pourrait presque traduire comme une défiance de classe vis-à-vis de l'État. Au fond, si les théories de David Osborne et Ted Gaebler ont pris racine, c'est que le sol français était fertile.

Cela étant dit, il serait erroné de penser que ce livre ne traite que d'une problématique de science administrative. C'est déjà un point non négligeable et absolument essentiel, mais s'en satisfaire serait passer à côté d'une question qui ne touche pas seulement à l'organisation de l'État, mais de la démocratie elle-même. En effet, durant la campagne présidentielle de 2022, il fut de bon ton de juger que « l'affaire McKinsey » n'intéressait pas les Français. Trop complexe, peu « concernante », les journalistes auraient gagné à traiter des sujets impliquant mieux leurs lecteurs. Il n'y a là rien de plus faux. Rien de plus hors sol, justement, que de penser que l'opinion se moque de la manière dont est organisée l'action publique. Certes, elle n'est pas très versée dans la passation des marchés publics, mais les dysfonctionnements de l'État et des services publics sont au cœur de ses angoisses. Derrière cet État, il y a en effet la police, la justice, l'école, l'hôpital. Au sortir de la crise sanitaire, un sondage pour *La Tribune* du 18 et 19 juin 2020 montre que 73 % des Français jugeaient que la crise sanitaire modifie défavorablement la manière dont ils évaluent l'action de l'État. Le sentiment d'une crise de la représentation profonde est à comprendre également comme une crise de l'action de l'État. Car représenter, ce n'est pas seulement ressembler, c'est aussi agir, si possible efficacement, au nom de quelqu'un, de quelque chose... en l'occurrence, au nom du Peuple. Or il y a aujourd'hui une demande d'État. Dans une enquête Opinion Way pour le Printemps de l'économie, en avril 2020, en pleine crise sanitaire, l'État est reconnu comme l'autorité légitime pour mener la plupart des grandes politiques publiques. Concernant la santé, 57 % jugent qu'elle devrait être gérée par l'État, 11 % au niveau local, 32 % au niveau international. Concernant l'éducation, 61 % l'attribuent à l'État, 13 % au niveau local, 26 % au niveau international. Il en va de même pour l'emploi : 54 % pour l'État contre 19 % au local et 27 % à l'international. Il ne faut voir dans ces chiffres aucune statolâtrie. L'État n'est pas attendu, car il est l'État. L'État est attendu, car il est instrument collectif d'action sur le réel. Comme l'écrit Durkheim, dans son Cours au Collège de France, « plus l'État est fort, plus il libère l'individu ». Cette phrase est à entendre comme une libération vis-à-vis des communautés et emprises qui enserrent l'individu. Elle est aussi à interpréter comme la libération d'une fatalité, d'un ordre social ou économique, que l'individu, esseulé, ne peut prétendre changer. L'État est cet instrument collectif qui, par l'intermédiaire du politique, permet aux individus de décider en commun de leur sort. Or, en cela, les cabinets de conseil livrant, clefs en main, des solutions faussement gestionnaires et réellement idéologiques, ne sont pas seulement un problème administratif, ils sont un problème démocratique. En bornant les possibles de l'action publique, en les orientant jusqu'à s'en rendre indispensable, ils brisent l'instrument de liberté et de souveraineté qu'est l'État pour le transformer en carcan. L'État devient au contraire ce gros animal inerte, ce « Gulliver enchaîné », pour paraphraser Georges Burdeau, sur lequel bute la décision politique. Devant un tel constat, deux attitudes rationnelles risquent de s'imposer aux citoyens. La première est la dépolitisation, tendant à considérer que le politique ayant cessé de pouvoir, l'individu doit s'en affranchir et trouver dans son cercle familial, sa communauté, un métavers à son image…, une façon alternative d'agir sur son environnement. Le second est la subversion ; renverser le système politico-administratif pour reprendre le contrôle de l'État, fût-ce au prix du despotisme d'un leader charismatique. Disons-le clairement, pour l'auteur de ces lignes, aucun de ces choix n'est souhaitable.

Devant de tels enjeux, comment trouver une voie de salut ? Les solutions préconisées par l'ouvrage nous semblent à la fois ambitieuses et bienvenues ! Elles constituent un guide pour le législateur alors qu'on peut nourrir l'espoir que la commission d'enquête sénatoriale donne finalement lieu à l'adoption d'une proposition de loi. Par affinités avec ces sujets, on nous excusera d'en mettre en avant particulièrement deux aspects qui y sont développés. La première est le rôle de l'Université et de la recherche publique. La pensée et l'expertise n'ont pas déserté la sphère publique, en cela, rien n'est donc perdu. Largement sous-exploitée dans la conception des politiques publiques, cette dernière est une chance. Elle n'est pas parfaite, certes. Elle est parfois dans certains domaines aussi sujette à l'idéologie. Toutefois, si l'on s'en détourne au prétexte qu'elle n'est pas assez pratique, car elle ne synthétise pas une solution inapplicable à un problème complexe en dix néologismes et cinq *bullet points* le problème ne vient pas tant d'elle que de la manière dont les décideurs sont formés et considèrent aujourd'hui l'expertise. Ensuite, nous avons précédemment tenté de montrer que le problème n'était pas qu'administratif. Il est aussi, et surtout, politique. Or c'est une vraie richesse de ce livre que de montrer que la présidentialisation à outrance du régime était aussi un facteur déterminant de cette évolution. Quand le débat parlementaire reprend ses droits, c'est la démocratie qui vit. En remettant le Parlement au centre, en suscitant le débat, en en prenant le temps, on redonne au politique le soin de formuler les solutions et de faire pièce au prêt-à-penser. On pourrait d'ailleurs dire la même chose des référendums qui sont un moment de politisation du Peuple. Pour le convaincre, il faudra plus que des concepts creux. Dans tous les cas, il semble aujourd'hui évident que le plus sûr remède à la consultocratie se trouve dans la démocratie.

Benjamin Morel[2]

---

2. Benjamin Morel est docteur en sciences politiques à l'École normale supérieure Paris-Saclay, maître de conférences en droit public à l'université Paris-Panthéon-Assas et chroniqueur politique sur des chaînes d'information françaises.

Dates clés

XVIIIe **siècle,** premiers recours à l'externalisation dans le cadre de la construction des voies d'eau du royaume de France.

1837-1858, retour du principe de la concession pour la construction des premières lignes de chemin de fer.

1855-1910, cotation en bourse des « services d'utilité publique » que représentent les sociétés d'eau, de gaz et d'électricité.

1944-1946, « grande bataille de la production » initiée par Benoît Frachon et nationalisations de différents secteurs de l'économie (transport, énergie, banques).

1950-1951, « Mission Planus » au sein de la direction du Budget et premier recours à un cabinet de conseil.

6 août 1954, projet de loi autorisant le gouvernement à « mettre en œuvre un programme d'équilibre financier, d'expansion économique et de progrès social » par délégation de pouvoir.

25 mars 1957, signature du traité de Rome instituant la Communauté économique européenne.

4 octobre 1958, promulgation de la Constitution de la Cinquième République.

16 septembre 1969, discours de politique générale de Jacques Chaban-Delmas dit de la « Nouvelle société ».

1970, création du Centre d'études supérieures du management public.

1973, création du Centre supérieur de formation au management.

1980, création de l'Association Services Publics en réponse aux politiques de rigueur de la direction du Budget.

11 février 1982, loi de nationalisation promulguée par le gouvernement Mauroy.

1982-1984, premières politiques de décentralisation.

1986, programme de « modernisation administrative » porté par Jean Le Garrec, secrétaire d'État chargé de la Fonction publique et des simplifications administratives.

24 juillet 1986, projet de loi présenté au titre de l'article 49-3 de la Constitution afin de privatiser plusieurs secteurs de l'économie (énergie, banque, industrie, médias).

Février 1989, renouveau du Service public, politique de réforme de l'État menée par Michel Rocard.

1989-1992, commissions officielles du Xe Plan adoptant comme objet principal la réforme de l'État.

1994, mission sur les responsabilités et l'organisation de l'État en France, attribuée par Édouard Balladur à Jean Picq, conseiller maître à la Cour des comptes.

26 juillet 1995, circulaire du Premier ministre Alain Juppé portant la création d'une nouvelle mission triennale à la réforme de l'État, associée à un Commissariat dédié.

1er août 2001, vote de la loi organique relative aux lois de finances (LOLF) qui rompt avec les règles budgétaires antérieures et entérine les méthodes du New Public Management dans l'attribution des crédits aux administrations.

Mars 2003, création de la direction de la Réforme budgétaire pour mettre en application la LOLF.

2005, création de la direction générale de la Modernisation de l'État (DGME).

2005-2007, audits initiés par Jean-François Copé, dans le cadre de la réforme administrative, menés par les cabinets de conseil McKinsey, Accenture et Roland Berger.

10 juillet 2007, lancement de la Révision générale des politiques publiques (RGPP) ; le personnel mobilisé pour la mettre en œuvre est issu entre 50 et 60 % de cabinets de conseil.

2012, mise en place de la Modernisation de l'action publique (MAP) visant à revenir sur la RGPP.

20 novembre 2017, création, par remplacement de structures antérieures, de la direction interministérielle de la Transformation publique (DITP).

26 septembre 2017, circulaire annonçant le programme « Action publique 2022 », qui préconise pour réduire les dépenses du secteur public des « transferts au secteur privé, voire des abandons de missions », et création du Comité Action publique 2022 chargé de sa mise en œuvre.

Juin 2018, accord-cadre attribué par la DITP aux principaux cabinets de conseil, qui constitue une forme de quasi-monopole dans le recours des ministères au conseil en stratégie et en organisation.

Principales abréviations

APL : Aides personnalisées au logement

ASP : Association Services Publics

BCG : Boston Consulting Group

BOP : Budget opérationnel de programmes

CEGOS : Organisme de formation professionnelle et continue

CGT : Confédération générale du travail

CNIL : Commission nationale informatique et libertés

CNR : Conseil national de la refondation

CNRS : Centre national de la recherche scientifique

CRCE : Groupe communiste républicain, citoyen et écologiste du Sénat

CNAV : Caisse nationale d'assurance vieillesse

DAE : Direction des achats de l'État

DINUM : Direction du numérique du ministère de l'Intérieur

DITP : Direction interministérielle de la Transformation publique

DGME : Direction générale de la Modernisation de l'État

ENA : École nationale d'administration

EY : Ernst and Young

ESSEC : École supérieure des sciences économiques

FEACO : Fédération européenne des associations de conseil en organisation

HATVP : Haute Autorité pour la transparence de la vie publique

HEC : Haute études commerciales

IFAC : International Federation of Accountants

IFRS: International Financial Reporting Standards

INRIA : Institut national de la recherche en informatique et en automatique

ISA : International Standards on Auditing

ISAAB : International Auditing and Assurance Standards Board

INSEE : Institut national de la statistique et des études économiques

ISO : International Standards Organisation

LOLF : Loi organique relative aux lois de finances

MAP: Modernisation de l'action publique

NPM : New Public Management

OCDE : Organisation de coopération et de développement économiques

PSG : Public Strategies Group

PUMA : Public management and administration committee

PWC: Price Waterhouse Cooper

RG: Reinventing Governement

RCB : Rationalisation des choix budgétaires

RGN : Reinventing Government Network

RGPP : Révision générale des politiques publiques

RSP : Renouveau du service public

UGAP : Union des groupements d'achats publics

Introduction

L'« affaire McKinsey » n'est pas une simple affaire au sens politico-médiatique conventionnel. Elle n'engage pas uniquement la trajectoire d'un parti ou d'un candidat, comme pouvaient le faire les scandales politiques précédents, tels que l'affaire Karachi pour Édouard Balladur, l'affaire libyenne pour Nicolas Sarkozy ou l'affaire des frégates de Taïwan pour Roland Dumas sous Mitterrand. Les conséquences de l'affaire McKinsey se déploient aux tréfonds de nos administrations et des services publics, dans les couloirs de services ministériels et d'agences dont la plupart d'entre nous n'ont jamais entendu parler. Avec des fonctionnaires et des consultants dont le nom ne nous sera jamais familier, et qui agissent pourtant quotidiennement sur la destinée économique et politique de notre pays.

Le terme « consultocratie », popularisé par les travaux du sociologue Christopher C. Hood[3], désigne la prise de pouvoir politique des consultants privés dans les administrations publiques modernes. Cet état de fait sociopolitique, qui s'accompagne des traditionnels phénomènes de pantouflages et rétro pantouflages – alternance de passages dans le privé puis dans le public et vice-versa –, altère la confiance du peuple dans ses institutions, et creuse un peu plus chaque jour le fossé entre l'idéal néo-managérial, austéritaire, prôné par ce système et l'idéal des missions de service public dont le statut particulier est pourtant directement issu de la volonté politique, après la Seconde Guerre mondiale, de disposer de serviteurs de l'État fidèles à l'intérêt général, mais rebelles à des ordres indignes de leur fonction de protecteur des droits des populations[4].

Cet ouvrage s'inscrit dans une double démarche. Tout d'abord, il se propose de prolonger et soutenir le débat de salubrité publique ouvert par la commission d'enquête sénatoriale portée par la sénatrice Eliane Assassi (CRCE[5]) et le sénateur Arnaud Bazin (LR), l'ouvrage de Caroline Michel-Aguirre et Matthieu Aron, *Les Infiltrés*[6], ainsi que les travaux du collectif « Nos Services Publics » et ceux de l'Institut Rousseau portant sur la nécessité d'une re-parlementarisation des capacités de contrôle de l'action gouvernementale. Par ailleurs, nous souhaitons

3. Voir Christopher C. Hood, « A public Management for All Seasons ? », *Public Administration*, mars 1991, p. 3-19.

4. Voir Anicet Le Pors, « Les fonctionnaires, voilà l'ennemi », *Le Monde diplomatique*, avril 2018.

5. Groupe communiste républicain citoyen et écologiste (CRCE), groupe communiste au Sénat.

6. Caroline Michel-Aguirre, Matthieu Aron, *Les Infiltrés*, Allary Éditions, 2022.

contribuer au débat en proposant une synthèse informée – bien que non exhaustive – des enjeux médiatiques, historiques, sociologiques, économiques et idéologiques de cette autodestruction quotidienne de notre État.

Fruit de la nécessaire médiation entre le monde académique et le grand public, ce texte a donc une vocation d'analyse et d'intervention. Nous voulons livrer au lecteur des pistes de réflexion permettant une compréhension globale des enjeux. Mais plus encore, nous souhaitons l'inciter à poursuivre le travail, par lui-même et pour lui-même, par une démarche d'information et de participation au débat public. Ce faisant, il s'agit de contribuer à la formation d'une opinion éclairée face aux grands enjeux démocratiques.

1

L'influence des cabinets de conseil

Un phénomène tentaculaire

Tentaculaire se dit de ce qui s'étend d'une manière insidieuse et irrésistible dans toutes les directions. L'image, qui fait référence aux appendices charnus et mobiles des mollusques leur permettant d'agripper leur proie, a fait son entrée dans le vocabulaire économique sous la plume[7] du journaliste Ludovic Naudeau. Ce grand reporter du début du XXe siècle utilise cette illustration pour décrire les mécanismes nouveaux d'un capitalisme mondialisé à même de faire pénétrer sa propre loi, et de défendre ses intérêts contre ceux des États souverains. Rien d'étonnant à ce que cette image ait été retenue par la sénatrice Éliane Assassi, rapporteure de la commission d'enquête du Sénat, pour décrire l'implantation des cabinets de conseil dans l'administration française.

7. « Toutes sortes de firmes, par le moyen de leurs succursales, lancent vers lui, ou plutôt vers son escarcelle leurs tentacules émoustillants, titillants et aspirants », Ludovic Naudeau, *La France se regarde. Le problème de la natalité*, 1931.

La formule synthétise à elle seule le malaise face aux milliards d'euros engloutis par ces entreprises privées dans un contexte où les termes de récession et d'austérité pèsent sur le débat public. Évoquant les sommes astronomiques empochées par ces cabinets pour remplir des missions – que ces entreprises appellent « livrables » et dont le contenu frise parfois le ridicule[8]– le rapport de la commission d'enquête montre ainsi l'intrusion, voire l'infiltration[9], de ces consultants au cœur de l'État.

En insistant sur la prolifération du conseil à tous les étages de l'administration, la commission du Sénat met en évidence un risque démocratique. Le « scandale McKinsey[10] » dépasse en effet de loin la simple affaire au sens d'un banal pantouflage ou d'un conflit d'intérêts entre anciens membres d'une même promotion de grandes écoles. Ce que décrit le rapport rendu public le 17 mars 2022 relève d'un véritable mode de gouvernement, visant insidieusement à nier les compétences propres de l'administration et à accélérer en grande pompe la privatisation de l'État, et ce jusque dans ses fonctions régaliennes.

---

8. Par exemple, 957 664,20 euros correspond au coût de la consultation réalisée par McKinsey auprès de la Caisse nationale d'assurance vieillesse, et dont la seule trace à ce jour est un document PowerPoint de 50 pages. 235 620 euros, c'est le montant qu'a empoché Alixio, un sous-traitant de McKinsey pour un guide portant sur le télétravail dans la fonction publique. 558 900 euros, c'est la somme qu'a touchée le Boston Consulting Group (BCG) pour organiser un séminaire destiné à « embarquer les fonctionnaires dans un élan de transformation ». Prévu durant l'hiver où a éclaté la crise des Gilets jaunes, cet événement n'aura finalement jamais lieu.

9. Pour reprendre le terme de Matthieu Aron, Caroline Michel-Aguirre dans *Les Infiltrés. Comment les cabinets de conseil ont pris le contrôle de l'État*, Allary Éditions, 2021.

10. Aussi appelé « McKinsey Gate » dans la presse, le scandale ne vise pas seulement le cabinet américain, mais pose plus largement la question du rôle croissant de ces entreprises – souvent états-uniennes – au sein de l'administration publique.

Mais dans cette affaire, les millions ne sont pas seulement ceux des montants des contrats passés entre l'État et ces cabinets privés. C'est aussi à cette échelle de grandeur que s'évalue l'intérêt qu'a suscité l'enquête menée par la commission du Sénat pendant plus de quatre mois : 8,6 millions, c'est par exemple le nombre de vues générées sur Twitter par la vidéo de la sénatrice Éliane Assassi interrogeant Karim Tadjeddine, directeur associé de McKinsey France, alors qu'il justifiait péniblement une facture de 496 000 euros destinée à couvrir les frais de l'organisation d'un colloque – qui n'aura jamais lieu – sur l'avenir du métier d'enseignant. Atteignant plus de 3,5 millions de publications et de partage, les révélations de la commission d'enquête égaleront sur les réseaux sociaux la mobilisation qui avait eu lieu à l'été 2018 autour du feuilletonnage de l'affaire Benalla[11].

Pourquoi cette enquête du Sénat et des journalistes a-t-elle suscité un tel engouement ? Pourquoi ces informations d'ores et déjà connues et documentées pour une large part[12] prennent-elles aujourd'hui la forme d'un véritable événement politique ? En creux du scandale McKinsey, c'est la vision d'un État affaibli qui se dessine, et ce alors même que la demande de service public et d'un État fort ne s'est jamais autant fait sentir. « Quiconque a le sens de l'intérêt général et de la République est en droit de s'interroger sur ce phénomène » affirmait Éliane Assasi en avril 2022[13]. Pour toutes ces raisons, il convient de revenir sur les origines et le déroulé de ce scandale médiatique sans précédent.

---

11. Selon le service de communication du Sénat.

12. Philippe Bezès, *Réinventer l'État. Les réformes de l'administration française* (1962-2008), Presses universitaires de France, 2009.

13. Éliane Assassi, « Le recours aux cabinets privés est devenu un réflexe », propos recueillis par Jules Brion, Le Vent Se Lève, 17 avril 2022.

Chronique d'une enquête qui tourne au scandale

« Dans l'administration, cela s'appelle "le paradoxe du serpent" (…) l'État paie deux fois des consultants de cabinets de conseil privés. La première pour l'aider à faire des économies. La seconde, pour suppléer aux carences que ces mêmes consultants ont contribué à organiser. » C'est ainsi que commence l'enquête signée par Matthieu Aron et Caroline Michel-Aguirre dans *L'Obs* datée du 27 juin 2021. Matthieu Aron est grand reporter, anciennement directeur de la cellule d'investigation de Radio France et actuellement rattaché à *L'Obs*. On lui doit notamment *Le Piège américain : l'otage de la plus grande entreprise de déstabilisation économique raconte*[14], ouvrage dans lequel Frédéric Pierucci, ancien cadre supérieur d'Alstom, relate sa détention aux États-Unis sur fond de rachat par General Electric de la branche énergie de la multinationale française. Caroline Michel-Aguirre est elle aussi une observatrice des affaires mêlant intelligence économique et politique française. Responsable du service investigation de *L'Obs*, elle est l'auteur de *La Syndicaliste*, ouvrage retraçant l'histoire de Maureen Kearney, lanceuse d'alerte impliquée dans une affaire de transferts de technologies françaises à l'industrie nucléaire chinoise. Dans l'article qu'ils consacrent aux cabinets de conseil[15], les deux journalistes dénoncent les risques de malversations économiques et d'ingérence étrangère. Mais cette fois, le loup semble avoir pénétré le cœur de l'exécutif.

---

14. Matthieu Aron, Frédérique Pierucci, *Le Piège américain : l'otage de la plus grande entreprise de déstabilisation économique raconte*, J'ai Lu, 2020.

15. Caroline Michel-Aguirre et Matthieu Aron, « Des milliards dépensés pour se substituer à l'État : enquête sur la république des consultants », *L'Obs*, 27 juin 2021.

La politique vaccinale qui valait des millions

« Au début de la pandémie, il y a eu une petite note sur le site Politico précisant que pour penser sa politique de vaccination au moment de crise du Covid, le ministère de la Santé avait fait appel à un cabinet de conseil. Et pas n'importe lequel, il s'agissait de McKinsey[16]. » L'article du 6 janvier 2021 est rédigé de la main d'Élisa Braun. La journaliste révèle la participation du cabinet américain McKinsey à la campagne de vaccination menée par le ministère de la Santé. La « Firme », surnom de ce cabinet de conseil, serait venue combler les lacunes supposées de l'administration, devenue incapable d'assurer les fonctions élémentaires d'approvisionnement et de distribution des vaccins.

Nombreux seront alors les observateurs à remarquer que, dix ans plus tôt, sous la menace d'une autre pandémie, celle du H1N1, la France avait su déployer un arsenal logistique sans l'aide de ces fameux consultants. Mais, en ce mois de janvier 2021, l'autonomie relève vraisemblablement d'une douce nostalgie, comme semblent le suggérer les astreintes « en visio » auxquelles doivent se plier les fonctionnaires, et que relate la journaliste. Au sein du ministère de la Santé, une réunion Zoom est organisée chaque jour à 17 heures pour veiller au bon déploiement de la campagne de vaccination. Or, celui qui préside cette réunion n'est pas, comme on pourrait s'y attendre, un haut fonctionnaire. C'est un consultant de McKinsey.

---

16. Matthieu Aron lors de la table ronde « Un État privatisé : ce que l'affaire McKinsey révèle » aux AMFIS 2022.

Ces révélations ne manquent pas de secouer le paysage politique et médiatique. Le 15 janvier 2021, *Marianne* en fait la Une de son quotidien[17]. Le magazine souligne notamment les liens étroits qui unissent le cabinet américain et le président de la République, rappelant la participation en 2007 d'Éric Labaye, directeur général de McKinsey France, à la commission Attali, dont Emmanuel Macron était le rapporteur adjoint. L'enquête rappelle également le rôle que Karim Tadjeddine, directeur associé de McKinsey France, a joué dans la campagne d'Emmanuel Macron en 2017, et qui a notamment été révélé dans les Macronleaks.

Au même moment à l'Assemblée nationale, Véronique Louwagie, députée Les Républicains, lance une mission d'information et obtient du ministère de la Santé le montant de l'ensemble des prestations passées avec les cabinets de conseil. Ceux-ci ont été sollicités plus de vingt-huit fois depuis le début de la crise en mars 2020, pour un montant de 11 millions d'euros dont 4 millions pour McKinsey. Six mois plus tard, en octobre 2021, le recours aux cabinets de conseil sera estimé à 25 millions euros pour un total de 47 sollicitations dont 19 dans les six derniers mois, auprès de seulement huit cabinets de conseil.

Comment de tels montants ont-ils pu être dépensés en si peu de temps ? Très encadrés, les marchés publics sont soumis à ce qu'on appelle des accords-cadres, qui permettent de choisir, entre plusieurs entreprises mises en concurrence, un nombre restreint de prestataires pendant une durée déterminée. En 2018, la direction interministérielle de la Transformation publique (DITP) a notamment passé avec ces cabinets un accord-cadre d'une valeur

17. Étienne Girard, Franck Dedieu, Laurence Dequay et Natacha Polony, « McKinsey, le cabinet qui dirige le monde (et la vaccination en France) », *Marianne*, 15 janvier 2022.

de 100 millions d'euros. Cet accord permet à l'administration de solliciter directement des entreprises lauréates, en l'occurrence treize cabinets de conseils privés et leurs quarante-cinq sous-traitants. Ces cabinets vendent ainsi des services, c'est-à-dire des prestations intellectuelles qui peuvent prendre plusieurs formes : appui organisationnel, managérial ou audit financier. C'est à travers cet accord-cadre que McKinsey, Roland Berger ou encore le Boston Consulting Group (BCG) ont pu être autorisés à offrir rapidement et en toute légalité un appui technique aux fonctionnaires durant la crise du Covid.

L'accord-cadre de la DITP montrera toutefois de nombreuses lacunes, parmi lesquelles une absence de visibilité sur les dépenses globales dédiées aux prestations de conseil. À l'occasion de la commission d'enquête du Sénat, la DITP fournira le montant global attribué à ce marché : 208 millions d'euros. Une somme sensiblement supérieure aux 25 millions d'euros annuels prévus par l'attribution de juin 2018. Mais encore inférieure à la consommation totale en consulting, qui sera finalement évaluée par le Sénat à l'issue de sa commission d'enquête en mars 2022.

Une crise sanitaire qui ne justifie pas tout

L'enquête de Caroline Michel-Aguirre et Matthieu Aron part de là, montrant le poids que les consultants ont joué dans la gestion du Covid. En juin 2021, le montant des prestations liées au Covid est alors estimé à un million d'euros par mois, soit l'équivalent de 50 000 euros de conseil par jour ouvré. Ce que les grands reporters ne manquent pas de comparer avec un autre chiffre, celui des investissements réalisés dans la recherche française. « Selon un “audit flash” publié par la Cour des comptes, entre le 1er janvier 2020 et le 1er mars 2021, la France y a consacré seulement une vingtaine de millions d'euros. Donc moins que pour ses achats de conseil[18]. » Miroir grossissant d'un phénomène déjà bien connu des observateurs internes[19], la crise offre ainsi le spectacle de la démission de l'État-stratège désormais incapable d'investir à long terme dans les missions de service public. Ce mécanisme d'externalisation des missions pourtant stratégiques au sein de l'État a été rendu possible, nous précisent les deux auteurs, par la Révision générale des Politiques publiques (RGPP), menée à bien sous le mandat de Nicolas Sarkozy[20] et qui a entériné le recours à ces appuis extérieurs pour pallier la réduction drastique du nombre de fonctionnaires.

Découvre-t-on pour autant le poids que le conseil a pris dans la fonction publique ? Pas vraiment. Sept ans plus tôt, un rapport du Sénat de 2014[21] pointait déjà des lacunes dans l'encadrement des missions données à ces cabinets, révélant des « garde-fous insuffisants » en matière de prévention des conflits d'intérêts. La Cour des comptes[22] avait quant à elle déjà mis en garde en 2018 le ministère de la Santé contre des productions qui « ne donnent que rarement des résultats à la hauteur des prestations attendues » et qui bien souvent suppléent des compétences pourtant présentes en interne, voire qui appauvrissent ces compétences conduisant à ce que certains domaines d'expertises

18. Caroline Michel-Aguirre et Matthieu Aron, *Les Infiltrés*, Allary Éditions, 2022.

19. Voir la note du collectif Nos Services publics, « 160 Md€ d'externalisation par an : comment la puissance publique sape sa capacité d'agir », avril 2021.

20. Nous aurons l'occasion de revenir sur cet aspect dans le chapitre 2 de cet ouvrage.

21. Cour des comptes, « Le recours par l'État aux conseils extérieurs. Communication à la commission des finances du Sénat », novembre 2014.

22. Cour des comptes à Madame Agnès Buzyn, ministre des Solidarités et de la Santé, « Le recours aux marchés publics de consultants par les établissements publics de santé », le 23 avril 2018.

« parviennent de moins en moins à assurer leur rôle essentiel de maître d'ouvrage, dans la conduite de ces marchés ». Mais le recours massif aux cabinets de conseil ne peut être seulement imputé à la crise du Covid. L'enquête révèle notamment une véritable explosion de l'activité de conseil sous le mandat d'Emmanuel Macron. Explosion largement encouragée par une croyance immodérée dans les vertus d'une pensée managériale, qui frôle le plus souvent l'absurde.

Caroline Michel-Aguirre insiste ainsi sur le poids que ces conseils ont fait peser sur la transformation du système de santé, donnant l'exemple de l'intervention de McKinsey au sein de l'AP-HM, les hôpitaux de Marseille. La facture est alors salée. 9,4 millions d'euros pour une prestation qui a laissé songeur le personnel : « On a vu débarquer des dizaines de jeunes gens sortis de grandes écoles qui ont organisé des réunions de *brainstorming* avec pléthore de Post-it. À la fin McKinsey a présenté un grand plan de transformation avec 37 chantiers et 200 projets sous forme d'un arbre avec plein de branches pour faire joli. Mais la mise en œuvre s'est révélée très compliquée. Peu d'actions ont vraiment démarré, tout le monde est passé à autre chose[23]. »

Les lubies managériales de ces cabinets ont également été mises en pleine lumière par le recours à des techniques comportementales abrutissantes, qui n'ont pas manqué d'alerter les citoyens et la presse. Au début de l'année 2021, un autre nom lié au conseil avait en effet fuité dans les journaux. Celui de BVA Consulting, associé au déploiement des techniques de *nudge*, ces « coups de coude » censés orienter les citoyens vers des comportements plus vertueux. Leur influence sur les politiques

23. Caroline Michel-Aguirre et Matthieu Aron, « Des milliards dépensés pour se substituer à l'État : enquête sur la république des consultants », *L'Obs*, 27 juin 2021.

publiques avait été dénoncée par la philosophe Barbara Stiegler[24] qui montrait le rôle déterminant que ce cabinet avait joué dans la mise en place des ridicules attestations de sortie durant le confinement du printemps 2020. Infantilisantes et finalement inefficaces, ces techniques auront d'ailleurs moins servi à protéger la population du risque pandémique qu'à renflouer les caisses de BVA consulting alors en grosse difficulté financière[25].

Enfin, une très large part de l'activité des consultants est consacrée au conseil en informatique, dans un contexte de « modernisation » de l'action publique par le numérique. Et là, les projets peuvent donner le vertige. Le projet Portalis par exemple, porté par Capgemini et visant à rassembler les neuf systèmes d'information de la justice civile, se conclura par un échec cuisant, mais coûteux, estimé à 100 millions d'euros en 2020. Même chose pour le projet Scribe visant à dématérialiser les procédures de la police nationale abandonné en raison de dysfonctionnements récurrents, qui coûtera la bagatelle de 11,7 millions d'euros en activité de conseil. En dehors de cette gabegie d'argent public, le recours aux cabinets de conseil pour mener à bien ces projets informatiques interroge. La commission d'enquête du Sénat mettra notamment en garde contre le risque que cette dépendance à des entreprises étrangères en matière d'informatique fait courir[26], rappelant au passage que les informaticiens ne représentent plus que 18 000 fonctionnaires au sein de l'administration…

24. Barbara Stiegler, *De la démocratie en pandémie. Santé, Recherche, éducation*, Gallimard, janvier 2021.

25. Voir à ce titre Franck Bouaziz et Stéphane Thépot, « BVA, le jeu du rachat et de la souris », *Libération*, 26 octobre 2020.

26. Éliane Assassi, « Le recours aux cabinets privés est devenu un réflexe », propos recueillis par Jules Brion, Le Vent Se Lève, 17 avril 2022.

Néanmoins, à l'issue de plusieurs mois d'enquête et de centaine d'articles de presse dédiés à l'affaire, une inconnue demeure. Celle du montant global dépensé en activité de conseil par les différents ministères depuis l'arrivée d'Emmanuel Macron au pouvoir. Les deux journalistes estiment entre un et trois milliards d'euros les dépenses allouées en prestation de conseil. Ces chiffres s'appuient notamment sur des données issues de la Fédération européenne des associations de conseil en organisations (FEACO), qui s'arrêtent en 2018 et ne tiennent pas compte de la différence entre les prestations liées aux ministères stratégiques et aux opérateurs de l'État. Aucun chiffre ne sera communiqué à la presse par les différents ministères. Car comme le révélera l'enquête, le recours aux cabinets de conseil aura été réalisé sans garde-fou et sans capacité de contrôle, ni par la DITP ni par le gouvernement. Pour connaître le budget global de différentes prestations, il faudra attendre la commission d'enquête du Sénat, qui parviendra, non sans difficultés, à agréger les informations de plusieurs milliers de documents transmis par l'administration. Mais ce travail de fourmi se fera dans un climat d'opposition manifeste de la part des membres du gouvernement, qui refuseront de collaborer à l'enquête.

De l'enquête au Sénat

C'est également au moment de la crise sanitaire qu'Éliane Assassi, sénatrice CRCE[27] dit avoir pris conscience de l'influence des cabinets de conseil. Un agent en apparence lié au ministère était venu s'adresser aux sénateurs, « nous pensions alors que c'était une personne de l'administration du ministère de la Santé.

27. Groupe communiste républicain citoyen et écologiste (CRCE).

Que nenni, c'était un consultant[28] ! ». C'est pour évaluer l'ampleur de ce phénomène passé sous les radars que la commission d'enquête sera créée à l'automne 2021.

Instrument juridique à la disposition des assemblées parlementaires, cette commission d'enquête a pour prérogative d'accéder à un certain nombre d'informations lui permettant de contrôler l'action du gouvernement. L'objectif de cette commission d'enquête ne sera jamais de pénaliser le recours à des prestataires extérieurs, mais seulement de contrôler l'apport réel de ces consultants, eu égard aux sommes qui ont été dépensées par l'administration. Cette commission vise également à faire la lumière sur la présence de ces acteurs au cœur même de l'État : que font-ils ? Leur arrive-t-il de prendre des décisions en matière de politiques publiques ? À quelles données confidentielles ces consultants, dont les entreprises sont présentes dans d'autres pays, ont-ils accès ? La commission dont les auditions débutent le 2 décembre 2021 est en possession de deux pouvoirs, celui d'auditionner toutes les personnes qu'elles jugent utile d'entendre et celui de demander aux ministères et aux grandes instances de contrôles – Bercy, la Cour des comptes – la possibilité d'accéder à un certain nombre de documents. « Nous ne sommes pas une mission d'information, mais nous ne sommes pas non plus un tribunal. Ce que nous essayons de comprendre, ce sont les rouages qui mènent l'État à solliciter ces cabinets de conseil[29]. »

---

28. « Le projet "Scribe", porté par la police nationale et par le cabinet Capgemini, a échoué. Mais quand les projets fonctionnent, les cabinets repartent avec les clefs. De fait, ils peuvent avoir des données personnelles sur vous, sur moi, sur n'importe qui. Quand on a recours à des sociétés internationales, que font-ils de ces données ? », Éliane Assassi, « Le recours aux cabinets privés est devenu un réflexe », propos recueillis par Jules Brion, Le Vent Se Lève, 17 avril 2022.

29. Préambule de la rapporteure de la commission d'enquête, Éliane Assassi (audition de Thierry Lambert, délégué interministériel à la Transformation publique, 2 décembre 2021.)

Consultants partout, déontologie nulle part

L'enquête commence donc le 2 décembre 2021 par l'audition de Thierry Lambert, délégué interministériel à la Transformation publique (DITP). La DITP joue en effet un rôle de premier choix dans le recours aux cabinets de conseil, puisque c'est avec cette direction que les principaux cabinets de conseil ont conclu deux accords-cadres, le premier en 2018, le second en 2019. Les membres de la direction sont devenus, selon les mots de Thierry Lambert, « acheteurs professionnels », négociant finement les devis reçus et donnant une note à chacune des prestations de ces cabinets. La commission d'enquête relèvera néanmoins un certain nombre de lacunes en termes de contrôle des prestations et de prévention des conflits d'intérêts. Les notes qui sont attribuées aux cabinets ne seront par exemple jamais suivies d'une annulation du contrat.

Mais le bât blesse également du côté de la prévention des conflits d'intérêts, celle-ci ne reposant – comme on le comprend dans le rapport du Sénat – que sur la bonne volonté dont les cabinets devraient eux-mêmes faire preuve dans leurs déclarations. Thierry Lambert explique notamment que la DITP n'a « par exemple, pas de pouvoir d'investigation pour vérifier ce que fait un consultant à l'étranger ». Une bonne volonté dont on ne peut pas dire que le cabinet McKinsey ait fait preuve dans ses prestations pour le ministère de la Santé. La commission d'enquête n'a ainsi retrouvé que cinq déclarations sur les 5 000 documents transmis, dans lesquelles les consultants se seront contentés de nier tout conflit d'intérêts[30].

30. Les déclarations se limitent à mentionner les « intérêts financiers personnels directs dans des acteurs de santé », l'« emploi du conjoint » et les « engagements ou missions conduits à titre personnel auprès d'acteurs de la santé ». Les cinq consultants n'auront eu qu'à répondre « non » à chacune de ces trois questions.

Face à de telles révélations, on ne peut pas s'étonner du fait que la ministre de la Transformation publique de l'époque soit elle-même passée entre les mailles du filet de la Haute Autorité pour la transparence de la vie publique (HATVP). Le mari d'Amélie de Montchalin était en effet *partner* jusqu'en 2020 de l'un des cabinets de conseil concerné par l'accord-cadre de la DITP, le BCG. Or en 2019, comme le révélait *Consultor*, le BCG avait été sélectionné pour répondre à une mission consistant à améliorer l'accueil téléphonique des services publics – pour une facture finale de 358 200 euros[31].

L'opacité comme doctrine

L'audition d'Amélie de Montchalin aura lieu le 19 janvier 2022. Cette date, c'est aussi celle que le cabinet du Premier ministre a jugée opportune pour passer une circulaire « sur l'encadrement du recours par les administrations et les établissements publics de l'État aux prestations de conseil ». Le bras de fer commence entre la commission d'enquête et le gouvernement. Cette circulaire contient des mesures aux allures de vœux pieux, qui, comme va le souligner la commission dans son rapport, « ne donne aucun moyen à l'administration », et « témoigne du tâtonnement du gouvernement en la matière ». La circulaire va néanmoins permettre à la ministre de faire diversion, annonçant par voie de presse un objectif de réduction à horizon fin 2022 de 15 % du recours aux cabinets de conseil[32].

---

31. « Le BCG mandaté pour que l'État décroche son téléphone », *Consultor*, 10 février 2022.

32. Amélie de Montchalin : « Nous allons nous donner les moyens de mieux piloter, encadrer et superviser. Nous avons décidé de faire baisser en 2022 de 15 % au moins les dépenses sur les conseils en stratégie et en organisation pour tous les ministères,

D'où vient ce chiffre ? Par quoi est-il motivé ? « Avant même que cette commission ne soit mise en place, nous nous apprêtions avec le Premier ministre à publier une nouvelle doctrine sur la manière dont l'État doit ou non s'appuyer sur les cabinets de conseil », annonçait Amélie de Montchalin dans *L'Obs* le même jour.

Le rapport du Sénat aura tôt fait de revenir sur cette affirmation. Deux semaines plus tôt, la Secrétaire générale du gouvernement, Claire Landais, expliquait en effet qu'aucune doctrine[33] n'était à sa connaissance en place pour encadrer le recours aux cabinets de conseil. Le rapport insiste par ailleurs sur le fait que ni la Commission nationale de l'informatique et des libertés (CNIL), ni la HATVP n'ont été consultées au sujet de cette circulaire[34].

Pour ne rien arranger, la ministre se montre incapable lors de son audition de donner les chiffres réels liés à l'achat en conseil[35]. Elle affirme ainsi que les montants alloués au conseil sont restés stables par rapport au mandat de François Hollande et qu'ils ont été divisés par deux par rapport aux dépenses effectuées sous

---

parce que nous sommes convaincus qu'en la matière l'État a la capacité de faire avec les ressources et compétences dont il dispose. », propos recueilli par Matthieu Aron, *L'Obs*, 19 janvier 2022.

33. « Je ne dis pas qu'il existe aujourd'hui une doctrine du bon recours aux cabinets de conseil. Je pense personnellement que ce serait difficile à faire. Je ne crois pas que les règles seraient faciles à poser », Audition de Mme Claire Landais devant la commission d'enquête du 5 janvier 2022.

34. « Compte tenu du rôle de la Haute Autorité, on peut effectivement penser qu'un avis serait utile », Audition de M. Didier Migaud devant la commission d'enquête du 26 janvier 2022.

35. « Les dépenses de conseil des ministères sont stables. La Cour des comptes, dans son rapport de 2014, a estimé les dépenses de consultants – hors informatique – à environ 130 millions d'euros en moyenne entre 2011 et 2013. Entre 2018 et 2020, l'État a dépensé environ 140 millions d'euros », Audition de Amélie de Montchalin devant la commission d'enquête du 19 janvier 2022.

le mandat de Nicolas Sarkozy. En réalité, la commission montrera que les prestations de conseil des ministères depuis 2018, atteignent 893,9 millions d'euros – hors coût lié aux opérateurs de l'État.

De deux choses l'une. Soit Amélie de Montchalin n'avait pas de réelle connaissance ou de maîtrise des dépenses en conseil consommées par les ministères, soit la ministre, en donnant des chiffres inventés, cherchait à cacher le recours immodéré au conseil dont son gouvernement a profité. Dans les deux cas, le manque de transparence se révèle problématique.

« Les cabinets de conseil sont intervenus sur la plupart des grandes réformes du quinquennat, renforçant ainsi leur place dans la décision publique[36] », peut-on lire dans le rapport du Sénat qui sera rendu public le 17 mars. Il démontre qu'il s'agit d'un phénomène massif, et que les cabinets de conseil ont pris part à de nombreuses réformes de politique publique. Ils auront par exemple été présents pour la mise en place de la réforme des APL (3,88 millions d'euros), pour la réalisation d'un baromètre de l'action publique (Capgemini, 3,12 millions d'euros), pour la création de l'Agence nationale de la cohésion des territoires (EY, 2,4 millions d'euros) ou encore pour accompagner les préfectures dans la distribution de la propagande électorale (Sémaphore, 290 000 euros).

Le 27 mars au micro de France 3, le président Emmanuel Macron nie pourtant toujours ce phénomène, insistant sur le fait qu'il n'est « pas persuadé que sous ce quinquennat, il y ait eu moins (voulant sans doute dire « plus ») de contrats que sous certains autres, y compris de ceux qui nous attaquent aujourd'hui ». Ce que la commission d'enquête ne manquera pas de

36. Rapport de la commission d'enquête du Sénat, p. 165.

relever, publiant le 21 juin une petite plaquette à destination des journalistes montrant que le coût des contrats passés entre l'État et ces cabinets a plus que doublé entre 2018 et 2021.

Behind the scene, la politique d'entrisme des consultants

« Lorsqu'il s'agit de fonctions de conception des politiques publiques ou régaliennes comme la santé, le contrôle ou la sécurité, l'externalisation aboutit à un recul de la souveraineté et de la capacité de pilotage du service public sur ses propres missions. Se pose ainsi désormais la question de savoir si le délégant conserve une compétence suffisante pour piloter le délégataire et concevoir le cahier des charges de la délégation[37]. » Cette remarque d'Arnaud Bontemps, porte-parole du collectif Nos Services Publics, peut faire écho au malaise que reconnaît avoir ressenti Éliane Assassi lors de certaines auditions des membres du gouvernement. Elle décrit des ministres « sur la défensive », ayant « du mal à trouver des arguments pertinents et justes en mesure d'expliquer le recours par notre administration à des cabinets de conseil »[38]. L'audition d'Olivier Véran est révélatrice à cet égard, l'ancien ministre de la Santé se montrant incapable de distinguer clairement le travail réalisé par l'administration de celui produit par les consultants[39].

37. Arnaud Bontemps, « Quand l'État paie pour disparaître », *Le Monde diplomatique*, novembre 2021.

38. Éliane Assassi invitée de l'émission « En direct du Sénat », Public Sénat, 3 février 2022.

39. L'ancien ministre de la Santé sera en particulier incapable de dire qui, de l'administration ou des cabinets de conseil, était l'auteur d'un document sur la politique vaccinale présentée par la sénatrice. En remontant l'historique du document *PowerPoint* en question, la commission d'enquête mettra pourtant en évidence que le graphique avait été créé puis modifié par des consultants de McKinsey.

Ce flou savamment entretenu afin de faire passer les consultants pour des fonctionnaires, traduit bien ce qu'Éliane Assassi qualifie de « politique d'entrisme[40] », revendiquée par les cabinets eux-mêmes[41]. Des méthodes qui permettent de nourrir de sérieux doutes quant à la fidélité de ses consultants vis-à-vis de l'État. La commission ajoute notamment que « sur le seul plan de la forme, les documents transmis par le ministère des Solidarités et de la Santé peuvent présenter une certaine ressemblance avec un *PowerPoint* conçu par McKinsey pour le gouvernement australien ». Ce mercenariat généralisé du *consulting* fait peser une menace sur la capacité de notre administration à préserver les intérêts des citoyens et à garantir notre souveraineté. L'enjeu porte notamment sur la protection des données, étant donné que ces entreprises vendent, dans ce qu'elles appellent des « *benchmarks* », des études comparatives s'appuyant sur des informations recueillies auprès des gouvernements dont elles sont les prestataires. Le risque est également présent dans le fait que nombre de ces entreprises hébergent leurs données dans des technologies de *cloud*, soumises au Cloud Act, c'est-à-dire à la loi américaine qui permet, sur une décision du Department of Justice des États-Unis d'accéder à des informations, pourtant très sensibles, sur l'État français[42].

40. Éliane Assassi, « Le recours aux cabinets privés est devenu un réflexe », propos recueillis par Jules Brion, Le Vent Se Lève, 17 avril 2022.

41. McKinsey, dans un devis du 20 décembre 2020 auquel a eu accès la commission d'enquête, le cabinet insistait sur sa capacité à demeurer « *behind the scene* », autrement dit d'intégrer les équipes du ministère et de faire preuve de la discrétion nécessaire pour que son intervention soit la moins visible possible.

42. « On a beaucoup parlé des difficultés de Paris pour s'approvisionner en masques, en respirateurs, en vaccins, mais cette dépendance concerne également la gestion des données personnelles ou les services informatiques utilisés par l'État, à l'image du projet de Health Data Hub, qui vise à rassembler toutes les données de santé des Français dans un même serveur géré par la société américaine Microsoft, et qui sou-

McKinsey, champion de l'optimisation fiscale

Une dernière révélation, classant l'affaire au rang « de scandale d'État » ne manquera pas d'interpeller la presse. Alors que le chiffre d'affaires de McKinsey atteint plus de 329 millions d'euros en 2020, la commission d'enquête révèle que, selon les documents qu'elle a pu consulter auprès du ministère de l'Économie et des Finances, les deux sociétés McKinsey & Company Inc France et McKinsey & Company SAS ne payeraient pas d'impôt sur le sol français depuis dix ans.

Lors de son audition du 18 janvier 2022, Karim Tadjeddine, directeur associé de McKinsey France, affirmait pourtant respecter la loi française sur ce point[43]. À ce sujet, la commission d'enquête parlera « d'exemple caricatural d'optimisation fiscale ». Le mécanisme repose en effet sur le versement de « prix de transfert » par les entités françaises à la société mère basée au Delaware. Ce prix de transfert apparaissant comme une « charge » dans le calcul des impôts sur les sociétés en France, permet à l'entreprise de déclarer un chiffre d'affaires négatif. McKinsey, tout en ayant profité de la crise sanitaire pour passer des contrats avec l'État, ne serait donc redevable d'aucun impôt.

Pour les observateurs de la vie économique, l'absence de zèle en matière de fiscalité de la « Firme » n'a pourtant rien d'étonnant. Le fait d'échapper à la juridiction fiscale d'un pays fait partie de la culture d'entreprise de McKinsey, comme en témoi-

lève d'évidents problèmes de confidentialité. », Arnaud Bontemps, « Quand l'État paie pour disparaître », *Le Monde diplomatique*, novembre 2021.

43. « Je le dis très nettement, nous payons l'impôt sur les sociétés en France et l'ensemble des salaires sont dans une société de droit français qui paie ses impôts en France », Audition de Karim Tadjeddine devant la commission d'enquête du 18 janvier 2022.

gnent les propos de Marvin Bower, responsable de McKinsey de 1950 à 1992, lors d'une conférence de 1962 : « Notre multinationale n'est composée que d'une seule firme. Non pas seulement en termes d'objectifs, de culture et de philosophie. Nous sommes une seule et même firme en termes juridiques, ce qui ne manque pas de surprendre les juristes et les fiscalistes[44]. »

Le 31 mars, une enquête préliminaire visant le cabinet McKinsey sera ouverte par le Parquet national financier pour « blanchiment aggravé de fraude fiscale ». Le 24 mai, le bureau parisien de McKinsey sera perquisitionné. Le 30 août 2022, un article[45] de Matthieu Aron et Caroline Michel-Aguirre annonçait que l'Union des groupements d'achats publics (UGAP) avait passé un nouvel accord-cadre avec certains cabinets de conseil. Le montant de ce nouveau contrat s'élèverait à 375 millions d'euros. Parmi les gagnants, on retrouve le cabinet McKinsey & Compagny.

Une affaire rythmée par la campagne présidentielle

« Emmanuel Macron parle comme les consultants, il s'habille comme eux, il pense comme eux. On cherche souvent à définir le macronisme : quelqu'un qui vend l'art mystérieux du changement, qui vous parle d'agilité, qui n'a à la bouche que le terme de modernisation, c'est un consultant. Le problème, c'est : au service de qui, de quoi ? C'est le problème des consultants, et ce sont des questions qu'on se pose vis-à-vis du macronisme[46]. »

---

44. Elizabeth Haas Edersheim, « Appendice. Conférence de Marvin Bower devant les associés de McKinsey en 1964 », *McKinsey's Marvin Bower*, Wiley, 2006.

45. Matthieu Aron, Caroline Michel-Aguirre, « Pendant l'été, l'État passe un nouveau contrat avec McKinsey », *L'Obs*, 30 août 2022.

46. Caroline Michel-Aguirre, invitée de la Matinale de France Inter, 15 février 2022.

Comme le fait remarquer Caroline Michel Aguirre, les similitudes entre la vision du monde qui est promue par Emmanuel Macron et celle qu'élaborent les cabinets de conseil dans leurs recommandations de politiques publiques sont pour le moins troublantes.

C'est sans doute pourquoi, dans un contexte de campagne électorale de la présidentielle de 2022 atone, le *McKinsey Gate*, mis en lumière par la commission d'enquête du Sénat, rencontrera un tel écho dans la presse et sur les réseaux sociaux. L'intérêt suscité par cette affaire semblera ainsi compenser le manque de motivation des électeurs, cristallisant ainsi la haine d'une partie de la population pour ce « Président manager ». On se souvient en effet que la partition jouée par le futur président de la République lors de l'élection de 2017 ressemblait à s'y méprendre à la proclamation d'un plan stratégique d'entreprise, ce que souligne le groupe CRCE du Sénat : « Opter pour des cabinets privés au détriment de notre fonction publique, alors qu'il est établi que ceux-ci se substituent dans de nombreux cas aux fonctionnaires de notre administration, est un choix politique, qu'"assument" le président de la République et les membres du gouvernement. Rien d'étonnant de la part de celui qui célébrait la *Startup Nation*, et entend bien gérer l'État comme une entreprise[47]. »

Mais l'intérêt de l'affaire ne se cantonne pas à la conjoncture politico-médiatique du moment. L'affaire McKinsey s'inscrit dans l'histoire longue du désarmement général de la puissance publique, sur fond de scandale, dont l'affaire Benalla n'est plus qu'un exemple parmi d'autres. Qu'il s'agisse d'une intuition

47. Contribution du groupe communiste républicain citoyen et écologiste, Rapport de la commission d'enquête du Sénat sur l'influence des cabinets de conseil, 16 mars 2022.

confuse ou d'une conviction théorique à caractère politique, la grande masse des Français perçoit tout de même dans ce scandale bien plus qu'une « macronade ». C'est la source même des politiques néolibérales qui mettent en tension la souveraineté industrielle et politique du pays qui apparaît ainsi au grand jour.

C'est pourquoi la commission d'enquête ne s'est pas arrêtée au scandale, mais entend ouvrir un débat démocratique sur les faits qu'elle a su mettre en lumière[48]. En creux, l'affaire McKinsey et l'intérêt qu'elle a suscité portent donc la promesse d'une re-parlementarisation du débat politique, mettant les assemblées au cœur des enjeux démocratiques à venir.

Une volonté de remettre le débat parlementaire au cœur de la vie politique, qui va à rebours des grands événements démocratiques qui ont rythmé le quinquennat – Grand Débat, Convention citoyenne pour le Climat, etc. – lui-même entièrement piloté par des cabinets de conseil. Des événements qui n'avaient de démocratique que le nom, et qui n'auront abouti à rien.

Des citoyens en manque de managers ?

À la rentrée 2022, le gouvernement annonçait en grande pompe la création d'une nouvelle instance chargée de veiller à la restauration du lien entre pouvoir public et citoyens : le CNR, Conseil national de la refondation. Il est pourtant cocasse que la plateforme « Conseil-refondation.fr » chargée de recueillir les doléances des citoyens ait fait perdre son « N » à ce qui se voulait une référence au Conseil national de la résistance. Les termes

48. « Après ce rapport, il y aura donc un débat de nature politique et démocratique sur des propositions de réforme », Rapport de la commission d'enquête du Sénat sur l'influence des cabinets de conseil, 16 mars 2022.

de « Conseil » et de « refondation » font ainsi écho aux aspirations de ce nouveau régime consultocratique, ne jurant que par l'injonction à la transformation. En enjambant le cadre légal de l'équilibre des pouvoirs et des arènes institutionnelles du débat démocratique normal, cette initiative trahit l'éthos managérial qui a sans doute présidé à sa démarche. Confondant institut de sondage et débat public, le CNR, qui n'a pas manqué d'essuyer les critiques voire l'indifférence, traduit un nouveau pas franchi vers la néo-managérialisation de la vie publique.

En effet, la réduction de la vie démocratique à une plateforme de dialogue ne signe-t-elle pas la contamination par une vision managériale – non plus seulement de la structure de la fonction publique mais aussi de celle du débat public ? On assisterait ainsi à la dérive d'un pouvoir davantage fidèle à la démocratie d'opinion qu'à la souveraineté et à ses institutions caractéristiques, les assemblées et les corps intermédiaires. On retrouve le serpent qui se mord deux fois la queue : la managérialisation a conduit à une désaffection des instances politiques traditionnelles. Et qui appelle-t-on pour refonder le lien perdu avec les citoyens ? Les cabinets de conseil.

2

Externaliser le pouvoir

Le dépérissement néolibéral de l'État

Dans une tribune de janvier 2022, le professeur émérite au Collège de France, Alain Supiot, mettait en parallèle le phénomène contemporain de « dépérissement de l'État social » sous l'influence des théories néolibérales avec le concept marxiste de « dépérissement de l'État[49]. Le premier quinquennat d'Emmanuel Macron fut, d'après l'auteur de la tribune, marqué par un fait politique majeur : « le démantèlement de l'État par lui-même ». Avec cette formule, Alain Supiot visait le phénomène, croissant depuis plusieurs années, de contractualisation de la République. D'un régime politique et juridique fondé, au sortir de la guerre, sur

49. Alain Supiot, « Le dépérissement de l'État social », *Le Monde*, 31 janvier 2022, p. 30.

l'association d'une citoyenneté politique à une citoyenneté économique, la France aurait perdu ce qui constituait jusqu'alors sa spécificité : placer l'État comme garant du statut civil et économique de ses citoyens en leur accordant des droits qui ne dépendent pas de la pure logique marchande. Derrière cette analyse des conséquences juridiques de l'abandon des services publics que nous connaissons aujourd'hui, se cache en réalité un processus historique de long terme : le dépérissement général de l'État par la logique d'externalisation dont l'affaire McKinsey fut le parangon.

Sous l'influence de la théorie du New Public Management et en raison des privatisations menées à partir de 1986, l'externalisation (ou recours à un tiers afin de lui déléguer des fonctions d'organisation, de gestion et d'exploitation), phénomène dominant durant le XIXe siècle, redevient dans les années 1990 une doctrine centrale dans la manière de concevoir le fonctionnement de l'État. Avec le quinquennat de Nicolas Sarkozy, la Révision générale des politiques publiques entérine de principe et ouvre la porte aux cabinets de conseils internationaux qui sont à l'origine du fonctionnement actuel de l'administration. Là où la théorie marxiste envisageait un dépérissement des prérogatives de l'État en matière de coercition et de production de la loi au profit d'une direction du mode de production par les travailleurs, par le biais d'une étatisation croissante d'un certain nombre de secteurs de l'économie, le néolibéralisme a engendré un dépérissement de l'État par le recours aux privatisations et à l'abandon de ses compétences internes, le rendant incapable de mener à bien un certain nombre de ses propres politiques. Contrairement au débordement de l'État permettant d'entraîner sa pleine appropriation par la société civile souhaité par Engels dans l'*Anti-Dühring*[50], la logique à laquelle nous avons assisté depuis les années 1980 correspond à une disparition de l'État par son propre fait.

De la concession aux nationalisations : l'État maître de sa puissance

• *L'innovation par la concession : l'origine de l'externalisation*

Pour comprendre la logique dans laquelle s'inscrit le recours excessif aux cabinets de conseil qu'a révélé l'affaire McKinsey, il convient de revenir sur l'histoire longue de l'externalisation dans notre pays. Dès le XVIIe siècle, la construction des principales voies d'eau du royaume de France procède de privilèges accordés à des investisseurs privés et inaugure ainsi la logique des concessions ou délégations de service public[51]. La logique qui prévaut alors est la suivante : par un contrat, l'État fait reposer l'investissement initial dans les travaux sur un tiers et s'engage à le dédommager, mais aussi, en contrepartie, lui fournit un privilège de navigation et d'exploitation. À la manière de nos autoroutes actuelles, le concessionnaire bénéficiait des revenus créés par les droits de péage pour compenser son investissement[52].

---

50. Friedrich Engels, « Notions théoriques » III, 2, *Anti-Dühring*, trad. fr. Émile Bottigelli, Éditions sociales, 1950 [1878].

51. Comme le rappelle le collectif Nos Services Publics « 160 Md€ d'externalisation par an : comment la puissance publique sape sa capacité d'agir », note mise en ligne en avril 2021 et consultable sur le site nosservicespublics.fr.

52. Anne-Sophie Condette-Marcant, « Financer la navigation fluviale : l'exemple picard au siècle des Lumières », *in* Anne Conchon, David Plouviez et Éric Szulman (dir.), *Le Financement des infrastructures de transport, xviie siècle-début xixe siècle*, Institut de la gestion publique et du développement économique, Comité pour l'histoire économique et financière de la France, 2018, p. 11-27.

• *Concession ou soumission*

Ces premières formes de recours à un tiers afin d'établir, mais également d'assurer la gestion des infrastructures se poursuivent et s'intensifient au XVIIIe siècle, mais surtout au XIXe siècle. Représentant près d'un quart de l'ensemble du transport dans le pays à la Restauration, les canaux sont un élément central de l'économie. Deux choix sur leur mode de financement s'opposent : les premiers promeuvent le maintien des concessions établies sous la forme précédente tandis que les seconds plaident en faveur de la « soumission[53] ». Ce second financement ne dépend plus d'un tiers pour financer puis bénéficier ultérieurement de l'exploitation des infrastructures de navigation. L'État finance seul et effectue les travaux par le biais du corps des Ponts et Chaussées, mais bénéficie de la pleine exploitation des voies navigables alors construites.

• *Les chemins de fer ou le règne de la concession*

Avec l'inauguration de la première voie ferrée en 1837, la concession fait son grand retour. Les travaux nécessaires pour établir un réseau ferré en France sont considérables et mobilisent de nombreux secteurs de l'économie allant de la sidérurgie à l'industrie du bois. Cependant, un obstacle de taille se pose : le financement de telles infrastructures. Fonctionnant initialement sur le mode de la concession, les premiers travaux initiés à la suite de la première ligne Paris – Saint-Germain mettent en déroute les investisseurs qui doivent faire face à d'importants coûts de construction sans pouvoir bénéficier pour le moment

53. Gwenaël Nieradzik, « La construction du réseau de canaux français et son financement boursier (1821-1868) », dans Georges Gallais-Hamonno (éd.), *Le marché financier français au XIXe siècle : aspects quantitatifs des acteurs et des instruments à la Bourse de Paris*, vol. 2, Publications de la Sorbonne, 2007, p. 459-506.

des dividendes, ce qui les pousse à retirer leurs capitaux[54]. Contraints, les parlementaires font voter une loi en 1842 qui implique un plus grand investissement de l'État, alors chargé d'acquérir les terrains nécessaires à la construction et de mener les travaux. Les compagnies privées posent les voies et achètent les trains, mais bénéficient en contrepartie de l'exploitation des lignes pour une durée illimitée. Le Second Empire renoue cependant avec la forme initiale de concessions et encadre l'exploitation par un bail emphytéotique[55] d'une durée générale de 99 ans. Avec la fusion des compagnies privées en 1858, l'État devient également le garant de l'intérêt des actions sur les chemins de fer en échange d'un blocage des dividendes pour la construction des lignes secondaires. L'introduction de ce type de concession à une échelle aussi importante dans l'économie joue un rôle clé dans le développement de l'État au XIXe siècle.

• *Les services d'utilité publique*

C'est sur cette même logique d'externalisation que reposent, à leur naissance, les « services publics ». Regroupant le gaz, l'eau et l'électricité, les services d'utilité publique ont été établis et exploités, dans le dernier quart du XIXe siècle, par un recours à l'épargne privée. Les sociétés d'eau, de gaz et d'électricité sont très nombreuses à être cotées en bourse, mais ce sont celles qui

54. Pedro Arbulu et Jacques-Marie Vaslin, « Le financement des infrastructures par la bourse de Paris au XIXe siècle », *Revue d'économie financière*, vol. 51, Association d'économie financière, 1999, p. 27-44.

55. Le bail emphytéotique est un bail immobilier de très longue durée (généralement compris entre 18 et 99 ans) qui confère au preneur un droit réel sur la chose donnée à bail, à charge pour lui d'améliorer le fonds et de payer un loyer modique. L'emphytéote est un quasi-propriétaire du bien qui lui est donné à bail. Les améliorations apportées au bien bénéficiant au bailleur en fin de bail sans que ce dernier ait à indemniser le locataire.

appartiennent à la branche de l'électricité qui émettent le plus d'actions pour se développer[56]. Elles représentent à elles seules près de 6 % des émissions faites à la bourse entre 1855 et 1910. Sous la Troisième République, ce principe prévaut au développement des services publics. L'éclairage public, passant du gaz à l'électricité, implique un recours massif à l'investissement privé. Ainsi, la logique des concessions qui avait été initiée au XVIIe siècle pour développer les canaux s'étend au XIXe siècle sous l'effet de la modernisation des infrastructures, mais aussi pour distribuer les biens essentiels que constituent l'eau, le gaz et l'électricité. Dans ce cadre, l'État opérait déjà un recours massif à l'externalisation de sa puissance : même s'il a contribué à l'installation et à la construction de bon nombre des éléments mentionnés précédemment, l'État déléguait leur exploitation en contrepartie d'un investissement initial important en capital.

La réponse d'après-guerre : affaiblissement du parlement et naissance de l'État fort à la française

Au sortir de la Seconde Guerre mondiale, un changement de paradigme s'opère. Face aux défis qu'impose la reconstruction du pays, l'État ne peut plus se contenter de recourir à l'investissement privé afin d'engager la reconstruction des infrastructures et de disposer de services publics. Dès septembre 1944, Benoît Frachon lance avec la CGT la « grande bataille de la production[57] » pour reconstruire le pays. Depuis ses travaux sur les questions monétaires et financières pour le Comité français de

56. *Ibid.*

57. Benoît Frachon, *Au rythme des jours*, t. I, Éditions sociales, 1967, p. 32-47.

libération nationale, Pierre Mendès France, ministre de l'Économie au sein du gouvernement provisoire, prône une politique anti-inflationniste d'inspiration keynésienne[58]. Le dirigisme économique qui apparaît à cette période provient non seulement des choix de Mendès France qui souhaite replacer l'État au centre de l'économie afin de lutter contre l'inflation et le sous-emploi, mais également de la volonté de lutter contre les politiques libérales des années 1930 comme l'indiquait le programme du CNR, adopté dans la clandestinité en mars 1944, en mettant à disposition de tous les biens communs que constituent l'énergie et l'eau ainsi que les transports. Le rapport de force d'après-guerre, qui plaçait en infériorité le patronat ayant très largement collaboré, ainsi que la diffusion des théories keynésiennes et la très large mobilisation des syndicats et des ouvriers posa les bases d'une modernisation de l'économie dans laquelle l'État devenait central.

• *Nationalisations d'après-guerre*

Presque inexistant dans l'avant-guerre, l'État crée ce qui constitue aujourd'hui le « secteur public » par la nationalisation de différents secteurs de l'économie. Les nationalisations s'opèrent en deux phases, durant l'hiver 1944-1945 puis entre décembre 1945 et mai 1946[59]. Pendant la première, le gouvernement crée par ordonnance les Houillères nationales du Nord et du Pas-de-Calais (HBNPC), donnant une forte place aux représentants syndicaux et limogeant les anciens directeurs qui

58. Michel-Pierre Chélini, *Inflation, État et opinion en France de 1944 à 1952*, Institut de la gestion publique et du développement économique, Comité pour l'histoire économique et financière de la France, 1998, p. 257-345.

59. Jean-Pierre Rioux, *La France de la Quatrième République. I. L'ardeur et la nécessité 1944-1952*, Seuil, 1980, p. 105-112.

avaient réquisitionné la production pour l'Allemagne. De même, les usines dirigées par Louis Renault sont nationalisées par ordonnance pour condamner la collaboration économique de ce dernier et placées sous l'autorité du ministre de la Production industrielle. Dans l'aéronautique, la règle est différente : l'État se substitue aux actionnaires par rachat de leurs participations dans les entreprises de construction de matériel aéronautique, mais également de transport, donnant ainsi naissance au regroupement de sociétés qui prend en 1948 le nom d'Air France. Durant la seconde vague, les nationalisations sont la conséquence d'une pression accrue de la part des parlementaires qui poussent René Pleven à promettre en juillet 1945 que les nationalisations promises dans le programme du Conseil national de la résistance (CNR) auront lieu avant la fin de l'année. La nationalisation de la Banque de France ainsi que des quatre grandes banques de dépôt est entérinée par la loi du 2 décembre 1945, même si les banques d'affaires demeurent privées. En avril de l'année suivante, la nationalisation partielle des assurances et celle complète de l'électricité et du gaz ont lieu grâce à l'action de Marcel Paul, ministre communiste de la Production industrielle.

• *Le dirigisme : de la guerre à la politique*

Ces nationalisations s'accompagnent également d'un profond changement de doctrine au sein de l'État. Même si les différentes entreprises nationalisées ne sont pas de la même forme – régies d'une part, sociétés d'économie mixte de l'autre – l'État est partout représenté dans les conseils d'administration. Dans un élan productiviste, il ne confère plus à des intérêts privés la gestion et le développement de secteurs aussi stratégiques que le transport et l'énergie. Il se place à l'avant-poste du développement économique face aux impératifs de la reconstruction et à la nécessité de sortir du sous-emploi et de la famine une grande partie de la population. Cette doctrine de recentralisation du pouvoir n'est pas seulement économique mais également politique au sens strict. Le pourvoir exécutif, délaissé dans les premières conceptions de la République française au XVIIIe siècle et au XIXe siècle, fait l'objet d'une mutation profonde au début du siècle dernier[60]. Alors que la Troisième République avait toujours fonctionné sur la prééminence du pouvoir législatif par rapport à l'exécutif, jusqu'alors dénué d'un véritable pouvoir d'expertise propre, le premier conflit mondial impose une organisation nouvelle, car les deux chambres ne parviennent pas à contrôler l'action du Grand Quartier général qui est en charge des opérations. Face à cette impuissance, une première délégation de pouvoir est attribuée par le Parlement au président du Conseil, Georges Clémenceau. Cette logique de délégation s'est perpétuée tout au long des années 1920 puis 1930, non plus pour faire face à l'urgence de la guerre, mais à celle des crises économiques successives. Si la Quatrième République a tenté d'opérer un « replâtrage du modèle républicain », pour reprendre l'expression de Serge Berstein[61], la nouvelle subordination de l'exécutif à la Chambre basse ne fut que de courte durée.

• *La démocratie exécutive*

La Constitution de la Cinquième République promulguée en 1958 entérine la prééminence de l'exécutif sur le législatif en inscrivant notamment dans la Constitution la possibilité pour le

60. Comme l'a démontré Nicolas Rousselier dans son ouvrage, *La force de Gouverner. Le pouvoir exécutif en France, XIXe-XXe siècles*, Gallimard, 2015.

61. Serge Berstein et Michel Winock (dir.), *La République recommencée. De 1914 à nos jours*, Seuil, 2017, p. 267-328.

gouvernement de recourir aux décrets et ordonnances pour mener son action. Si du temps de Mendès France, la politique par décret avait déjà lieu, notamment dans le cadre du projet de loi voté le 6 août 1954 autorisant le gouvernement à « mettre en œuvre un programme d'équilibre financier, d'expansion économique et de progrès social », la délégation du pouvoir législatif reste encore limitée à un champ restreint d'application et pour une période limitée. En outre, le gouvernement dépend toujours du vote de l'Assemblée pour son maintien. Cette politique par décrets, qui remonte aux premières délégations législatives de l'entre-deux-guerres, est au cœur des débats qui entourent la préparation de la Constitution de la Cinquième République[62]. La solution retenue, sous l'influence de Jérôme Solal-Céligny, est la suivante : le gouvernement peut émettre des ordonnances à condition d'en obtenir l'autorisation par vote du parlement, mais dispose également d'une extension du pouvoir réglementaire par le biais de l'article 37 de la Constitution. En y inscrivant les « matières » qui relèvent de la loi, donc du pouvoir législatif, la Constitution établit également négativement que le pouvoir réglementaire s'étend à tout ce qui n'est pas contenu dans le périmètre de la loi. Le règlement n'est plus simplement le complément de la loi, mais devient une capacité de légiférer en tant que telle.

Avec la Cinquième République, l'État se caractérise par une double centralisation qui rompt avec la logique des concessions et des premières formes d'externalisation qui dominait jusqu'alors. Sur le plan politique, le pouvoir exécutif n'est plus dépendant et soumis à la volonté nationale qu'incarnait, par son activité, le Parlement, mais détient cette dernière par le biais de

62. Nicolas Roussellier, *op. cit.*, p. 487-493.

l'élection. Sa capacité d'action est elle aussi accrue pour faire face aux bouleversements économiques par la voie réglementaire et les moyens d'expertise dont disposait la représentation nationale pour établir, par des commissions et une logique de consensus, les grandes lois républicaines de la Troisième République, sont désormais très largement inférieurs à ceux de l'exécutif. Dans le domaine économique, l'État tient une place de choix grâce aux nationalisations successives au sortir de la guerre et au développement du secteur public qui lui permet d'intervenir en son nom au sein du système productif et d'opérer des choix stratégiques. Cette structure de l'État issue de la république sociale d'après-guerre et de la démocratie exécutive mise en place avec la Constitution de la Cinquième République est précisément ce que la doctrine néolibérale va progressivement dissoudre à partir des années 1980.

De l'État planificateur à l'État-stratège : le retour en force de l'externalisation

• *L'État en retrait : la rationalisation progressive de l'administration*

Durant les années 1960 et avec l'avènement de la Cinquième République, la réforme de l'État change de nature. Alors qu'il s'agissait auparavant de trouver une porte de sortie au système parlementaire fortement critiqué par les constitutionnalistes depuis les années 1930 et de nouveau au sortir de la guerre, la question qui se pose durant cette période, comme l'a démontré Philippe Bezès[63], dont les travaux sont la source principale des

63. Philippe Bezès, *Réinventer l'État. Les réformes de l'administration française (1962-2008)*, Presses universitaires de France, 2009.

présentes analyses, est celle d'un « gouvernement rationnel de l'administration ». Si des tentatives de réforme de l'administration avaient déjà eu lieu dans les années 1930 sous l'impulsion de groupes de réflexion comme « X-Crise », elles n'émanaient pas encore d'une logique commune à différents pans de l'administration et d'un souci de réorganisation profonde, mais bien plus d'un souhait d'approfondir la structure bureaucratique de l'État. Or, à partir des années 1960, un changement s'opère. Les premières tentatives de réforme de l'administration s'effectuent dans une conjoncture économique singulière : internationalisation, création du marché commun, austérité et privatisations. L'État planificateur centralisé et agent économique de premier ordre qui avait été progressivement institué au sortir de la guerre devient encombrant et bureaucrate, il convient alors de le « moderniser », de rationaliser son action et de le rendre plus en phase avec l'ouverture de l'économie.

• *Le choix de la raison ?*

Mis à part un recours exceptionnel de la part de la direction du Budget pour sa réorganisation dans le cadre de la « Mission Planus » entre 1950 et 1951[64], la pratique de l'externalisation au sein de l'administration n'est pas encore présente avant les années 1980. Néanmoins, comme nous l'avons indiqué précédemment, à partir de 1962, la réforme administrative s'impose comme un véritable sujet. Contrairement à ce qui pourrait être envisagé en premier lieu, la réforme de l'administration ne provient pas d'une logique extérieure à l'État, mais bien de ce dernier en tant que tel. Dès lors, la logique qui prévaut est la

64. Florence Descamps, « Quand la direction du budget faisait appel à un cabinet de conseil privé pour sa propre réorganisation », *Revue française d'administration publique*, vol. 3, n° 131, ENA/INSP, 2009, p. 513-525.

suivante : avec l'internationalisation de l'économie et la signature du traité de Rome en 1957, la planification intégrée qui caractérisait la reconstruction d'après-guerre est remplacée par une stratégie d'adaptation de l'économie française à la situation économique globale[65]. Conjointement, des acteurs issus de l'administration, du Commissariat au Plan au ministère des Finances et des Affaires économiques, vont analyser l'action de cette dernière par des outils économiques et comptables et des analyses sociologiques[66]. Peu à peu, l'administration devient un objet de connaissance à proprement parler. Il faut cependant attendre la fin de cette décennie pour que des initiatives administratives locales se cristallisent dans une volonté de réforme. En effet, la rationalisation des choix budgétaires (RCB) d'une part, en 1968, et le discours sur la « nouvelle société » de Jacques Chaban-Delmas, d'autre part, entérinent institutionnellement les volontés réformatrices issues de différents canaux de l'administration elle-même et de groupes de réflexion tels que le club Jean-Moulin.

• *Le paradoxe français*

Il convient de souligner le décalage de l'origine de la réforme française de l'administration par rapport à la Grande-Bretagne. Pendant de nombreuses années, l'analyse de l'importation du néolibéralisme en France identifiait ce dernier avec l'extension du modèle entrepreneurial au sein de l'État par le biais du New Public Management, et d'une dynamique macro-économique d'ensemble. Or, cette lecture cache en réalité le paradoxe du

65. Cette logique est déjà visible dans le rapport Rueff-Armand rendu public en juillet 1960.

66. Philippe Bezès, *op. cit.*, p. 61-72.

recours français à cette forme nouvelle de management public[67]. Tout au long des années 1970, dans le cadre de la RCB, différents organes de formation vont voir le jour afin de former les membres de l'administration aux nouvelles doctrines et techniques portées par cette dernière. En 1970, le Centre d'études supérieures du management public et, trois ans plus tard, le Centre supérieur de formation au management sont créés. Si le premier est avant tout composé d'enseignants issus d'HEC ou de l'ESSEC, le second regroupe sept grandes écoles d'ingénieurs et l'ENA pour « dispenser des enseignements (dans un programme modulaire) qui seront en partie communs aux managers du secteur public et à ceux du secteur privé et nationalisé »[68]. Durant cette décennie, le management public demeure une discipline de gestion soumise aux impératifs étatiques. Ce n'est plus le cas à partir des années 1981-1984.

• *De la théorie à la pratique*

À cette date, la réforme de l'administration en tant que telle se trouve marginalisée, mais les politiques mises en œuvre favorisent à différents égards et de manière parfois contradictoire l'application des savoirs managériaux enseignés et diffusés durant la décennie précédente[69]. Conçue comme une forme de rééqui-

---

67. Comme l'a analysé Philippe Bezès dans un article de 2012 « État, experts et savoirs néo-managériaux. Les producteurs et diffuseurs du New Public Management en France depuis les années 1970 », *Actes de la recherche en sciences sociales*, vol. 193, n° 3, Seuil, 2012, p. 16-37.

68. Centre des archives économiques et financières (CAEF), fonds Direction de la prévision, B52332, Réunion du 16 juillet 1971. Comité de liaison pour la formation RCB (1971-1972). Projet de centre inter-écoles de management (CIEM) et les moyens interministériels de recyclage des fonctionnaires nécessaires au développement de la RCB, 9 juillet 1971. Documents cités par Philippe Bezès dans l'article mentionné précédemment.

69. Philippe Bezès, art. cit.

librage par rapport au centralisme instauré par la Constitution de la Cinquième République, la décentralisation mise en œuvre entre 1981 et 1984, en raison d'un décalage entre le transfert de compétences et le transfert d'effectifs aux collectivités locales, engendre un important recours aux cabinets de conseil en organisation et en informatisation des services[70]. Ensuite, face à la politique de rigueur entamée notamment par la direction du Budget en 1982 à l'aide d'outils traditionnels tels que les contraintes salariales ou l'annulation de lignes de crédits, plusieurs hauts fonctionnaires envisagent le management public comme une alternative à cette dernière.

En somme, plutôt que d'opérer des coupes immédiates dans les budgets des administrations publiques, l'évaluation est présentée comme une solution pour engager ces réformes avec plus de précision et en spécifiant leurs effets. Ainsi, l'Association Services Publics, fondée en 1980 et constituée de hauts fonctionnaires et de chercheurs, entend défendre le service public par le biais du management public en s'opposant aux propositions néolibérales portées par les partis de droite et cible l'action de la direction du Budget.

L'externalisation comme condition d'efficacité

À l'inverse de la Grande-Bretagne, la France se caractérise par une défense du management public en réponse aux politiques budgétaires restrictives d'inspiration néolibérales. Un autre paradoxe définit la mutation de l'État français à cette période : la

70. Odile Henry, « Entre savoir et pouvoir. Les professionnels de l'expertise et du conseil », *Actes de la recherche en sciences sociales*, vol. 95, Seuil, 1992, p. 37-54.

réforme de l'administration ne s'effectue pas après une libéralisation d'un grand nombre de services publics, mais précède cette dernière. Les jalons de la future externalisation de l'administration et d'une partie des services publics se font en défense de ces derniers. Pour mieux comprendre ce changement de structure de l'État, il convient d'analyser la nature des changements institutionnels et économiques depuis la fin des années 1980.

• *Privatisations et poursuite de la réforme managériale*

Si le début du premier mandat de François Mitterrand avait été marqué par un certain nombre de nationalisations d'entreprises issues du secteur privé par la loi du 11 février 1982, la logique de centralisation du pouvoir économique et politique qui avait prévalu au sortir de la guerre n'était plus la même. À cette période, les réformes menées par la direction du Budget produisent une réaction d'un certain nombre d'acteurs prônant une adaptation aux nouvelles techniques de management public. La doctrine qui prévaut à partir de 1986 et du programme de « modernisation administrative » porté par Jean Le Garrec, secrétaire d'État chargé de la Fonction publique et des simplifications administratives, consiste à importer de manière partielle les nouvelles techniques managériales défendues notamment par l'Association Services Publics à travers la gestion des effectifs, la relation aux administrés et les moyens de contrôle et d'évaluation des politiques publiques mises en œuvre. Avec le gouvernement Chirac, à la suite d'une campagne fortement imprégnée par la rhétorique néolibérale thatchérienne, un certain nombre d'entreprises stratégiques du secteur public se trouvent privatisées par le projet de loi du 24 juillet 1986. Ce retour en force de l'externalisation pour répondre aux déficits budgétaires et commerciaux ne se traduit pas de manière immédiate par une extension des réformes administratives menées précédemment. Le gouvernement Chirac reprend alors le principe des « cercles de qualité » déjà établis dans différentes administrations au début des années 1980. Les cabinets de conseil CEGOS et EUREQUIP, par le biais d'associations, faisaient déjà la promotion de ces formes de réunions s'apparentant au *brainstorming* contemporain au sein de l'INSEE, du CNRS, du ministère des Affaires sociales ou encore de l'ENA[71]. Le renouveau du service public, politique initiée par Michel Rocard en février 1989, poursuit le geste néolibéral d'Hervé de Charrette, ministre de la Fonction publique et du Plan du gouvernement Chirac. Le répertoire de pratiques de management public introduit dans la circulaire correspond à celui défini antérieurement depuis le début des années 1980, sous l'effet conjoint de l'Association Services Publics et des cabinets de conseil CEGOS et EUREQUIP.

• *Un changement de cap*

De 1991 à 1997, l'importation du New Public Management ne passe plus par le biais d'expérimentations ou d'intégrations partielles sous l'impulsion d'acteurs externes à l'administration, mais bien par les hauts fonctionnaires eux-mêmes. Il convient également d'observer qu'au même moment la dénomination des différentes réformes entreprises change également : il ne s'agit plus d'agir sur l'administration et de la moderniser, mais bien de réformer l'État en tant que tel. Les premiers tenants de la modernisation de l'administration ne sont en réalité pas ceux qui ont permis l'accomplissement de cette dernière, qui résulte bien davantage d'une « technocratisation » de la nouvelle forme de

71. Philippe Bezès, art. cit.

gestion publique[72]. Deux dynamiques prévalent à l'explication de ce phénomène sur lesquelles nous allons à présent revenir. De 1989 à 1992, les commissions officielles du Plan modifient leur objet principal et portent désormais explicitement sur la réforme de l'État. Celle consacrée au Xe Plan et présidée par François de Closets porte ainsi sur l'« efficacité de l'État » et la suivante, dirigée par Christian Blanc, s'intitule « État, administration et services publics de l'an 2000 ». Édouard Balladur, en tant que Premier ministre, ne se contente plus de recourir aux commissions du Plan pour envisager la réforme de l'État et sa modernisation, mais confie à une commission propre cette ambition. La Mission sur les responsabilités et l'organisation de l'État en France alors créée doit produire un rapport à destination du Premier ministre à partir d'un audit effectué au sein des grands secteurs de l'État. Si Jean Picq, conseiller maître à la Cour des comptes, passé par le secteur privé, en charge de cette mission a explicitement refusé de recourir aux cabinets de conseil pour constituer le contenu de son rapport, ce dernier a cependant révélé la chose suivante dans un entretien mené par de Philippe Bezès le 10 mars 1995 : « Je ne voulais pas de cabinet d'audit. C'était une réflexion sur l'État, pas une réforme administrative. En revanche, je les ai associés deux ou trois fois comme consultants sur ma méthode et ma matrice[73]. » Interrogeant en grande majorité des hauts fonctionnaires, cette mission se fixe comme objectif d'établir une « nouvelle architecture » de l'État fondée sur le néo-managérialisme à la française. Ces différentes commissions posent les jalons de ce qui fut par la suite nommé « l'État-stratège » : distinguer les activités de pilotage des admi-

72. *Ibid.*

73. Philippe Bezès, *op. cit.*, p. 375.

nistrations centrales de celles d'application et de gestion des services déconcentrés, décentralisés ou externalisés. Le second mouvement qui vient légitimer le New Public Management au sein même de l'État n'est autre que l'action de la sous-direction 1-B de la direction du Budget, consacrée aux nouvelles méthodes de gestion, qui, par ses contacts avec le comité de gestion publique (PUMA) de l'OCDE, haut lieu de la diffusion des nouvelles techniques de management public[74], et différents cabinets de conseils tels que McKinsey, Arthur Andersen ou encore Bossard, introduisent des méthodes de gestion telles que le contrôle financier déconcentré, la réforme des nomenclatures budgétaires et les contrats de service avec les services des ministères, directement issues du New Public Management. En outre, les privatisations successives de la fin des années 1980 ont facilité le pantouflage et l'intégration de méthodes de gestion provenant de la sphère privée[75].

• *La circulaire Juppé du 26 juillet 1995*

À peine quelques mois après la publication du rapport de la mission de Jean Picq, le Premier ministre Alain Juppé établit en septembre 1995 une nouvelle mission triennale associée à un Commissariat à la réforme de l'État, chargé d'établir une nouvelle doctrine administrative et les réformes nécessaires pour mettre en place celle-ci. Composée principalement de hauts fonctionnaires des différents corps de l'État, elle ne se contente pas d'effectuer un audit semblable à celui de la mission Picq,

74. Kerstin Sahlin-Andersson, « Arenas as Standardizers », dans Nils Brunsson et Bengt Jacobsson (dir.), *A World of Standards, Oxford University Press*, 2000, p. 100-113.

75. Luc Rouban, « L'inspection générale des Finances, 1958-2008 : pantouflage et renouveau des stratégies élitaires », *Sociologies pratiques*, n° 21, vol. 2, Presses de Sciences Po, 2010, p. 19-34.

mais compile l'ensemble des travaux effectués antérieurement en la matière. La création de cette commission s'inscrit pleinement dans la logique de la circulaire du 26 juillet 1995 « relative à la préparation et à la mise en œuvre de la réforme de l'État et des services publics » qui établit cette réforme comme un élément central de la politique du nouveau gouvernement. Le préambule expose clairement les objectifs de la réforme alors initiée : « Les citoyens de notre pays veulent un État et des services publics plus efficaces, plus économes et plus accessibles. Cette volonté est partagée par les fonctionnaires et les agents publics dont le concours actif à l'entreprise de réforme de l'État est une condition indispensable du succès. La France dispose d'une administration et de services publics d'une qualité élevée. Cette qualité ne peut cependant les dispenser d'une adaptation aux aspirations de nos concitoyens ainsi qu'aux exigences nouvelles d'une économie ouverte sur le monde et d'une société marquée par le développement des phénomènes d'exclusion. En outre, alors que le redressement du pays et la priorité donnée à la lutte pour l'emploi exigent de l'ensemble de la collectivité nationale et de chacune de ses composantes des efforts de solidarité et de performance, l'État ne saurait s'exonérer de cette discipline commune. Ainsi s'explique la volonté du président de la République de placer la réforme de l'État et des services publics au premier rang des préoccupations gouvernementales. »

Cette circulaire fait non seulement du New Public Management un moyen politique assumé d'introduire davantage de rigueur budgétaire au sein des services publics, mais elle établit également la forme de l'État-stratège. Il ne s'agit plus d'un acteur engagé au cœur même de l'économie et capable d'en orienter les choix productifs par un système planificateur, mais bien d'un moyen, au sein d'une économie ouverte, de s'adapter à la conjoncture et de réduire les dépenses publiques par le recours à l'externalisation. « Nous ne pouvons (...) nous dispenser d'approfondir l'usage des formules qui permettent d'associer des personnes privées à la gestion de services ou d'interventions publics » énonce cette circulaire au sein de son premier article. La logique de centralisation du pouvoir étatique tant dans le domaine économique que politique qui prévalait encore au début des années 1960 est ici entièrement renversée.

L'État-planificateur a été façonné par les nationalisations d'après-guerre et les modifications institutionnelles, instaurées par la Constitution de la Cinquième République, centralisant le pouvoir autour de l'exécutif. Mais le retour en force de l'externalisation par la voie des privatisations qui débutent en 1986, et l'importation progressive des nouveaux modes de management public facilitée par le pantouflage au sein de la haute fonction publique, ont substitué un État-stratège qui se caractérise par la diminution de sa centralité au sein de l'économie, mais également la recherche d'efficacité et d'adaptation de son administration à la conjoncture économique. Le pouvoir de l'État s'est affaibli dans ses capacités d'intervention dans le système productif, mais également au sein de sa bureaucratie qui doit se réformer pour mieux être capable de s'adapter à la conjoncture économique globale.

Le dépérissement par la voie de la réforme de l'État

• *Réformer par la contrainte budgétaire*

Le tournant initié dans les années 1990 en matière de réforme de l'État n'a pas subi d'infléchissement, mais plutôt une logique de confirmation et d'accentuation des procédures initiées précédemment. Si les choix du gouvernement d'Alain Juppé se sont traduits par un échec sur le plan politique, ces derniers n'ont pas été infirmés dans le domaine de la réforme de l'État au début des années 2000, bien au contraire. De la même manière, les privatisations initiées par le gouvernement Chirac en 1986 n'ont pas cessé depuis. Ces deux dynamiques profondes qui caractérisent le dépérissement néolibéral de l'État ont cependant été complétées par un point non négligeable : l'extension du principe d'externalisation au sein même de l'administration et dont l'affaire McKinsey est une conséquence directe.

• *La révolution introduite par la LOLF*

Le Commissariat à la réforme de l'État créé par le gouvernement Juppé se voit remplacé par une délégation interministérielle à partir de 1997. Si les tentatives de réforme de l'administration émanent, dans la période 1997-2001, des ministères de l'Intérieur, des Finances et de la Fonction publique, les mesures les plus importantes en la matière sont celles prises par le biais de la loi organique relative aux lois de finances (LOLF) votée le 1er août 2001. La LOLF vient directement remettre en cause les règles budgétaires instaurées par l'ordonnance du 2 janvier 1959 qui fonctionnaient sur un mode bureaucratique classique par des allocations en fonction des moyens et un contrôle en amont des politiques menées.

Cette loi organique a deux sources principales[76]. D'une part, l'alliance parlementaire de sénateurs et députés, initiée notamment Alain Lambert, sénateur UDF, et Didier Migaud, député PS, visant à renforcer les pouvoirs de contrôle budgétaire des

76. Daniel Hochedez, « La genèse de la loi organique du 1er août 2001 relative aux lois de finances : un processus parlementaire exemplaire », *Revue française de finances publiques*, vol. 76, LGDJ, 2001, p. 51-75.

assemblées par des groupes de travail sur ce sujet. Dans le contexte de la « cagnotte fiscale[77] », cette initiative fut soutenue par de hauts fonctionnaires de premier plan. Telle est la seconde source de cette loi : au sein du cabinet de Florence Parly, alors secrétaire d'État au Budget, de nombreux hauts fonctionnaires proviennent de l'ancienne sous-direction 1-B de la direction du Budget et sont les principaux tenants des conceptions néo-managériales qui y furent développées[78]. La LOLF constitue une véritable révolution dans la manière d'attribuer et de contrôler des crédits budgétaires. Le budget n'est plus fondé sur une logique de moyens alloués aux différents ministères selon des titres et des chapitres en fonction de leurs actions générales, mais par un principe de résultats par missions communes aux différentes administrations et programmes, correspondant plus ou moins aux politiques publiques menées par les ministères. Dans la lignée du New Public Management, chaque programme est associé à des objectifs et des indicateurs de performance permettant d'évaluer les politiques menées. Par ce biais, le pouvoir législatif retrouve un moyen de contrôle direct sur l'exécution des politiques publiques revenant sur la logique initiale de la Cinquième République.

• *Le plafond ETP et la fongibilité asymétrique*

La LOLF ne se contente pas de modifier les attributions du Parlement en matière de contrôle des dépenses publiques, elle introduit également une nouvelle méthode de gestion au sein même des administrations. La nouvelle architecture budgétaire

77. Un surplus de 30,7 milliards de francs, rendant caduque le déficit budgétaire constaté initialement à la fin de l'année 1999, avait été omis par le ministère des Finances et la direction du Budget.

78. Philippe Bezès, *op. cit.*, p. 453-456.

mentionnée précédemment implique la création de directeurs de programmes, qui correspondent souvent aux directeurs d'administrations centrales, en charge de la poursuite des objectifs fixés, mais également responsables du budget opérationnel de programmes (BOP), introduit par une circulaire de la direction de la Réforme budgétaire, créée en mars 2003 pour mettre en application la LOLF. Dès lors, le directeur de programmes devient autonome dans sa gestion des ressources financières humaines par le biais d'une « enveloppe globale » accordée dans le cadre d'un programme. Ce principe d'attribution d'une enveloppe d'ensemble expérimentée auparavant par la direction du Budget, directement issu du New Public Management, est généralisé par la LOLF et implique un certain nombre de principes essentiels pour comprendre la gestion actuelle des ressources humaines et financières dans la fonction publique. D'abord, le plafond d'emplois au sein d'un ministère ou d'un service opérateur de l'État n'est plus exprimé par des emplois budgétaires et segmenté à l'excès entre les catégories de personnel, mais par un plafond unique au sein d'un ministère en équivalent temps plein. Les administrations sont donc contraintes d'effectuer leurs tâches sans dépasser ce plafond global et, par conséquent, sans recruter de nouveaux personnels. D'après le collectif Nos Services Publics, les baisses successives de ce plafond enregistrées dans les différentes lois de finances présentées par la direction du Budget ont entraîné, entre 2006, date d'entrée en vigueur de la LOLF, et 2018 une perte de 180 000 agents[79]. Ensuite, si le directeur de programmes est doté d'une autonomie plus importante dans la gestion des effectifs et des ressources financières de

79. « 160 Md€ d'externalisation par an : comment la puissance publique sape sa capacité d'agir », Nos Services Publics, *op.cit.*

ses services, celle-ci est soumise à un principe nouveau qui a, lui aussi, engendré une très forte diminution du nombre d'agents : la fongibilité asymétrique. Si le directeur de programme dispose d'une enveloppe globale pour le mener à bien et qu'il peut modifier la répartition en fonction des titres (fonctionnement, investissement, personnel...), les crédits pour le personnel ne peuvent être majorés par ceux issus d'autres titres alors que l'inverse est possible. Ces deux principes, issus du corpus du New Public Management, sont à la source des diminutions croissantes de personnels au sein de nos services publics qui ont considérablement affaibli les capacités d'action de l'État.

• *La RGPP ou l'ouverture de l'administration au conseil*

Pour comprendre l'explosion récente du recours aux cabinets de conseil au sein de notre administration, il est nécessaire de revenir sur un dernier jalon de la grande réforme administrative initiée depuis les années 1990 sous l'influence du New Public Management. Il s'agit de la Révision générale des politiques publiques (RGPP) menée entre 2007 et 2012. Ayant marqué l'opinion par le « non-remplacement d'un fonctionnaire sur deux », cette politique est pourtant responsable d'un phénomène aujourd'hui central : le recours aux cabinets de conseil au sein même de l'administration. Si la haute fonction publique française n'a pas attendu de recourir directement aux cabinets de conseil pour importer et s'approprier le New Public Management, la RGPP change cependant la donne, car les tenants de cette conception du management public sont directement associés à l'élaboration de la réforme administrative. Entre 2005 et 2007, Jean-François Copé initie une série d'audits menés par McKinsey, Accenture ou encore Roland Berger. C'est la première marche vers un recours bien plus important pendant toute l'élaboration de la RGPP. Menant conjointement de nombreux audits ainsi que des expérimentations au sein même des administrations, les cabinets de conseil effectuent plus d'une centaine de missions au sein des ministères entre 2007 et 2012[80]. L'organe en charge de cette nouvelle réforme n'est autre que la direction générale de la Modernisation de l'État (DGME), créée en 2005 à partir de la fusion d'entités antérieures consacrées à des pans spécifiques de la modernisation de l'État. Comme l'a montré Fabien Gélédan[81], si la RGPP parvient à introduire aussi nettement les cabinets de conseil au sein de l'administration, c'est d'abord en raison de la concentration, au sein de la DGME, de l'ensemble des crédits budgétaires alloués auparavant aux différents services ministériels en charge de la modernisation de l'État. Cette disponibilité financière permet alors à la DGME d'établir une série de contrats-cadres avec les grands cabinets de conseil anglo-saxons (McKinsey, BCG ou encore Bain & Company) aux tarifs particulièrement onéreux. En garantissant un chiffre d'affaires plancher à ces cabinets tout au long de la mise en place de la RGPP, la DGME ouvre un véritable marché au sein de l'administration pour le conseil privé à hauteur de 365,45 millions d'euros d'après le rapport des trois corps d'inspection chargés de faire le bilan de cette réforme[82]. Pour porter la RGPP, Renaud Dutreil est nommé directeur général de mission. Ayant alterné

80. François Cornut-Gentille et Christian Eckert, Rapport d'information sur l'évaluation de la Révision générale des politiques publiques (RGPP), Assemblée nationale, 2011.

81. Fabien Gélédan, « Les cabinets de conseil dans la Révision générale des politiques publiques (RGPP) », dans Nicolas Matyjasik et Marcel Guenoun (dir.), *En finir avec le New Public Management*, Institut de la gestion publique et du développement économique, 2019.

82. IGA, IGF et IGS, Bilan de la RGPP et conditions de réussite d'une nouvelle politique de réforme de l'État, septembre 2012, p. 13.

durant sa carrière entre la haute fonction publique et le cabinet de conseil McKinsey, il n'est pas le seul issu du secteur privé pour mener à bien cette réforme. De nombreux anciens consultants de BCG, Accenture et autres cabinets de conseil sont eux aussi débauchés pour effectuer un contrat au sein de la direction de la DGME entre 2008 et 2012. Ils représentent, durant cette période, entre 50 et 60 % du total du personnel mobilisé pour la mise en place de la RGPP. À l'issue des audits menés dans le cadre de la RGPP, les cabinets de conseil produisent plus de 500 mesures visant à réformer l'administration, inspirées notamment par la doctrine du *lean management* et des standards internationaux de *benchmarking* visant à réduire les coûts au sein des administrations publiques, dont ils vont également s'assurer de la bonne mise en œuvre.

Si la LOLF avait établi, par la contrainte budgétaire, une diminution croissante des personnels au sein des administrations publiques par l'application conjointe du plafond équivalent temps plein et de la fongibilité asymétrique, la RGPP constitue une étape supplémentaire : l'externalisation assumée d'une partie de l'activité des administrations par le recours aux cabinets de conseil. Les premières lois de décentralisation avaient ouvert la voie à cette pratique, la RGPP l'entérine.

Le nouveau paradigme de l'État français

Ce qui caractérise la mutation contemporaine de l'État français est un double mouvement : par les privatisations initiées en 1986 puis en raison de la réforme administrative amorcée dans les années 1990, la puissance étatique s'est affaiblie par elle-même. L'externalisation ne touche plus seulement des infrastructures ou des pans des services publics du secteur de l'énergie, mais également l'administration elle-même qui généralise désormais le recours aux cabinets de conseil. Avec les tentatives récentes de modernisation de l'État, ce mouvement se poursuit et s'aggrave. L'affaire McKinsey est le symptôme de cette longue dynamique de dépérissement de l'État par l'externalisation de ses capacités d'action, mais son ampleur révèle l'évolution subie en une dizaine d'années.

• *Action publique 2022 : extension du domaine de la sous-traitance*

Si le budget de la DGME a été largement amoindri à la faveur de l'alternance, les consultants sont restés actifs dans le cadre de la politique menée par le gouvernement socialiste de François Hollande intitulée Modernisation de l'action publique. À partir de 2012, la DGME est associée à la mission Etalab pour créer le secrétariat général pour la Modernisation de l'action publique. Les efforts des gouvernements socialistes successifs se focalisent sur la numérisation des services publics et le développement de « l'État-plateforme », concept introduit en France par l'ouvrage de Nicolas Colin et Henri Verdier[83]. Le 20 novembre 2017, le secrétariat général pour la Modernisation de l'action publique est remplacé par deux nouvelles entités : la direction interministérielle du Numérique et du système d'information et de communication de l'État et la direction interministérielle de la

83. Nicolas Colin et Henri Verdier, *L'Âge de la multitude. Entreprendre et innover après la révolution numérique*, Armand Colin, 2012 ; la thèse de la sociologue Marie Alauzen, « Plis et replis de l'État-plateforme. Enquête sur la modernisation des services publics en France », sous la direction de Fabian Muniesa, soutenue en octobre 2019 au sein de l'Université Paris sciences et lettres, est consacrée aux modifications technologiques de l'administration introduites de 2014 à 2017 sous l'influence de ce concept.

Transformation publique (DITP), placée sous l'autorité du ministre chargé de la réforme de l'État. Si le programme d'Emmanuel Macron en matière de réforme de l'administration s'inscrivait dans la lignée des réformes précédentes, en visant l'accélération de la numérisation des services publics et l'accroissement de leur efficacité, il conservait également la logique de réduction des coûts introduite antérieurement : suppression de 120 000 emplois publics et accroissement du recours aux contractuels. En effet, dans la circulaire du 26 septembre 2017, le programme « Action publique 2022 », placé sous la responsabilité du ministre de l'Action et des Comptes publics, envisageait de réduire la part de la dépense publique dans le PIB de trois points. Le Comité Action publique 2022 (CAP 2022) chargé de mener à bien le programme devait ainsi « s'interroger sur l'opportunité du maintien et le niveau de portage le plus pertinent de chaque politique publique » et notamment « proposer des transferts entre les différents niveaux de collectivités publiques, des transferts au secteur privé, voire des abandons de mission ». Dans son dernier rapport[84], CAP 2022 proposait ainsi de développer la sous-traitance au sein du ministère des Armées, dans le domaine des infrastructures routières, en élargissant les concessions autoroutières déjà existantes, mais aussi dans le domaine des contrôles réglementaires en matière sanitaire et dans la répression des fraudes. Contrainte de s'adapter aux crises successives que constituèrent le mouvement des gilets jaunes et le Covid-19 et forcée de constater que les services publics ont été grandement affaiblis par les coupes budgétaires antérieures, l'ambition réformatrice initiale subit un certain nombre d'infléchis-

84. Comme le souligne la note du collectif Nos Services Publics « 160 Md€ d'externalisation par an : comment la puissance publique sape sa capacité d'agir », mise en ligne en avril 2021 et consultable sur le site nosservicespublics.fr.

sements notamment en matière de suppression de postes et de réduction des dépenses[85].

• Le rôle de la DITP :
quand le politique est soumis au conseil

Si les velléités réformatrices initiales du premier quinquennat d'Emmanuel Macron ont pour partie été mises en défaut, l'affaire McKinsey a mis en lumière un phénomène nouveau dans la structure de l'administration. Du temps de la mise en œuvre de la RGPP, comme nous l'avons rappelé précédemment, la DGME occupait une place centrale dans la diffusion du New Public Management par le recours direct aux cabinets de conseil, tant à travers les audits menés que par sa composition. Or, comme l'a révélé le récent rapport du Sénat consacré à l'influence croissante des cabinets de conseil sur les politiques publiques[86], ce rôle semble désormais être celui de la DITP. Le recours aux cabinets de conseil s'effectue aujourd'hui par le biais d'accords-cadres (un contrat par lequel un acheteur public s'engage à passer des marchés ou des bons de commande auprès du ou des titulaires de l'accord, pendant une période donnée et pour des prestations déterminées) conclus principalement par la DITP, l'Union des groupements d'achats publics (UGAP) et la direction des achats de l'État (DAE). Ces différents accords-cadres font l'objet d'une estimation lors de l'attribution des contrats, mais ne rendent pas les bons de commande successifs publics et

85. Jacques Chevallier, « La politique de transformation publique de 2 017 à 2 021 », *Revue française d'administration publique*, n° 180, vol. 4, PSL/INSP, 2021, p. 1091-1104.

86. Arnaud Bazin et Éliane Assassi, Rapport fait au nom de la commission d'enquête sur l'influence croissante des cabinets de conseil privés sur les politiques publiques sur « Un phénomène tentaculaire : l'influence croissante des cabinets de conseil sur les politiques publiques », Sénat, enregistré le 16 mars 2022.

laissent ces derniers dans l'opacité[87]. L'accord-cadre de juin 2018 attribué par la DITP contenant trois lots (stratégie et politiques publiques, conception et mise en forme des transformations, performance et réingénierie des processus) constitue une forme de monopole dans le recours des ministères au conseil en stratégie et en organisation (mis à part ceux du ministère des Armées qui se font par le biais d'un autre dispositif propre). Par la « règle du tourniquet », les prestations engagées dans le cadre de cet accord-cadre doivent revenir de manière équilibrée aux principaux cabinets de conseil membres faisant partie du contrat[88], mais, malgré les modifications récentes envisagées pour ce principe d'attribution, en l'absence de contrôle centralisé, le tour de rôle n'est que très rarement respecté et la mise en concurrence permettant de choisir un cabinet en fonction de sa compétence pour la mission choisie n'a pas lieu. En outre, si la DITP est chargée de remplir une grille d'analyse permettant l'évaluation des prestataires et, le cas échéant d'appliquer des pénalités, la commission d'enquête du Sénat a révélé que ce principe n'était jamais respecté, même dans le cas de missions jugées décevantes (ce fut par exemple le cas de la prestation de Capgemini pour mettre en place des « communautés 360 pour les personnes en situation de handicap », notée 1/5 en raison d'une absence de valeur ajoutée et d'effets contre-productifs, mais payée intégralement à hauteur de 280 000 euros par la DITP)[89]. Ce faisant, à la manière de la DGME en son temps, la DITP semble aujourd'hui s'inscrire pleinement dans la « lutte pour

---

87. *Ibid*, p. 64.

88. BCG, EY, McKinsey, Accenture, Roland Berger, Wavestone, Capgemini, Mazars, Eurogroup, CMI, Sémaphores, INOP'S et Sia Partners.

89. *Ibid.*, p. 142.

conserver les positions centralistes » dans le cadre de la réforme de l'État décrite par Philippe Bezès depuis les années 1960[90], tant par son fonctionnement et ses mécanismes d'attribution des prestations de conseil au sein des différents ministères que par sa composition.

• *Un État dépérissant*

Le premier quinquennat d'Emmanuel Macron a agi comme un révélateur chimique sur la structure contemporaine de l'État français. Inscrits initialement dans une logique de réduction des dépenses publiques et de perpétuation de la modernisation administrative initiée par l'introduction et l'adaptation du New Public Management dans les années 1990, les choix en matière de réforme de l'État ont été mis à mal par les crises successives depuis 2017. Les services publics décharnés par les coupes budgétaires des trente dernières années et le recours volontaire à l'externalisation ont laissé des séquelles : une perte drastique de compétences qu'il sera difficile de retrouver. Les cabinets de conseil qui, comme nous le verrons dans la suite de l'ouvrage, bénéficient particulièrement des périodes de crise pour intégrer les administrations ont ainsi été massivement mobilisés depuis 2017 et au plus haut niveau de l'État. Si ce recours à l'externalisation au sein même des administrations centrales engage des enjeux de souveraineté tout comme les privatisations successives du secteur public, il met également en lumière la dynamique profonde qui caractérise le dépérissement néolibéral de l'État : après avoir perdu sa capacité d'agir directement sur le système productif et réduit considérablement la qualité de ses services

90. Philippe Bezès, *op. cit.*, p. 29.

publics en les plaçant dans une situation de tension perpétuelle, il s'est contraint, par la réforme de son architecture budgétaire, à l'externalisation de ce qui le constitue en première instance, son administration.

3

Le rôle des cabinets de conseil

dans la diffusion du New Public Management et de ses succédanés

L'histoire de Reinventing Government

Aussi étonnant que cela puisse paraître pour un monde dominé par le discours économique et sa prétention au pragmatisme, le domaine de la production des idéologies et de leur diffusion semble, selon les spécialistes du New Public Management, être l'un des leviers majeurs de l'efficacité des discours néo-managériaux sur les politiques publiques et les institutions. Selon Denis Saint-Martin[91], au tournant des années 1980 et 1990, les cabinets de conseil démarrent une phase de leur existence marquée par la volonté de coloniser profondément le secteur public et plus seulement le désormais plus restreint marché du conseil en organisation auprès des entreprises.

---

91. Denis Saint-Martin est professeur titulaire au Département de science politique de l'Université de Montréal.

Volonté de bénéficier d'une meilleure connaissance des rouages de l'État à monétiser auprès de leur clientèle traditionnelle, entreprise de communication efficace à destination des marchés potentiels, désir de démontrer la tangibilité des effets de leurs méthodes de travail sur les administrations, voilà autant de raisons qui poussent les cabinets à investir massivement dans leurs structures de recherche et de prospective interne. À cette dynamique s'ajoute l'influence croissante – en pleine hégémonie du discours néolibéral anti-État-providence dans la sphère médiatique et politique – de best-sellers écrits par des essayistes issus du monde de l'entreprise et des sciences de gestion, convaincus que, par-delà l'expertise académique et administrative, l'expérience organisationnelle du monde de l'entreprise est le savoir clef pour refonder le contrat social, la relation du peuple aux services publics et le contrôle des représentants élus sur des bureaucraties réputées antidémocratiques du fait de leur complexité proverbiale.

C'est dans un tel contexte que le livre *Reinventing Government : How the Entrepreneurial spirit is transforming the Public Sector,* de Ted Gaebler et David Osborne rencontre l'enthousiasme et l'administration de Bill Clinton[92]. Sorti en 1992, ce livre défend la nécessité d'une restructuration de la taille, du rôle et de l'autocontrôle des administrations sur le mode des procédures de *restructuring* et de *reporting* issues du secteur privé. L'« agencification », la création d'organes d'élaboration et d'évaluation des politiques publiques distincts des administrations et ministères

92. David Osborne, Ted Gaebler. *Reinventing Government: How the Enrepreneurial Spirit is Transforming the Public Sector*, Penguin Books, 1992. Cité dans Denis Saint-Martin, « How the reinventing government movement in public administration was exported from the U.S. to other countries », *International Journal of Public Administration*, vol. 24, n° 6, 2001. Nous reprendrons la convention d'écriture RG désormais pour parler de l'ouvrage de D. Osborne et T. Gaebler.

traditionnels, est l'un des cœurs de cette doctrine. Il s'agit pour les auteurs d'inventer un État et une administration « post-wébériens », autrement dit, plus « agile » et plus *accountable* (contrôlable, efficace et fiable). L'enjeu est de perturber le ronron et la complexité du mode de fonctionnement supposé être celui des bureaucraties étatiques traditionnelles au profit « d'élites programmatiques[93] », tant politiques qu'économiques, chargées de mieux prendre en main un ensemble d'institutions réputées distantes du public aussi bien que des réalités de l'économie moderne globalisée.

L'accueil glacial de la communauté scientifique

Ce livre a reçu un accueil glacial de la part de la communauté savante des sciences administratives. Mais cela ne l'a pas empêché de devenir un best-seller et d'emporter une large adhésion auprès des élites politiques d'horizons très divers. C'est même en raison du caractère vague et flou des termes et méthodes décrites dans l'ouvrage que, selon Saint-Martin, un grand nombre de communautés disparates ont pu se rassembler autour des thèses et notions ainsi véhiculées et créer de véritables « RG *communities* » et « RG *networks* » au sein du monde de l'entreprise, de l'université, des administrations et du conseil[94]. L'un

93. William Genieys, « Nouveaux regards sur les élites du politique », *Revue française de science politique*, vol. 56, n° 1, 2006, p. 121-147.

94. Pour cerner ce phénomène de réception historique des thèses de Osborne et Gaebler, la lecture de la philosophie politique d'Ernesto Laclau est inspirante. Dans *La Raison populiste* (Seuil, 1993), il propose le concept de « signifiant flottant » pour caractériser le mode d'existence propre des objets de discours qui vont servir de support aux identifications dans la sphère sociale. Un mot, un personnage, une image, un symbole, impriment leur marque sur le corps électoral et l'opinion publique, d'autant plus fortement qu'ils sont foncièrement vagues et ambigus, autrement dit sujets à plusieurs types d'interprétation. C'est la capacité des leaders politiques et sociétaux

des thèmes centraux du livre tient dans le plaidoyer des auteurs pour une approche « centrée autour du citoyen » et dans l'optique de « renforcer son pouvoir ». C'est la consécration de la thématique de l'*empowerment* qui convient aujourd'hui aussi bien aux gourous du management et du *coaching* qu'à une certaine rhétorique bien familière aux nouveaux leaders des associations des mouvements civiques contemporains... Après tout, c'est bien dans les vieilles casseroles qu'on fait les meilleures soupes. La dissolution des frontières entre pratiques du monde privé et du monde public apparaît bien ici comme la condition de possibilité du succès mondial du néo-management.

L'originalité du discours lié aux thèses de Gaebler et Osborne tient, selon Denis Saint-Martin, non pas tant au fait qu'il serait l'événement historique originel expliquant le développement de

---

à donner l'illusion rhétorique d'une consistance aux mots vagues du type « réforme », « liberté », « énergie », qui permet d'emporter l'identification psychoaffective de masses entières de la population pour des raisons diverses. Laclau prend notamment pour exemple la variété de réceptions des discours de Juan Perón en exil en Espagne, entre les syndicats qui le percevaient comme un messie révolutionnaire et les factions plus traditionnelles de la bourgeoisie chrétienne et de l'armée argentine qui lui étaient ralliés qui le voyaient comme le garant d'un certain « retour à l'ordre ». La constitution de « chaînes d'équivalences » symboliques entre les demandes de groupes sociaux distincts, condition *sine qua non* de la conquête du pouvoir est selon Laclau intrinsèquement liée à la qualité de manipulation de ces « signifiants flottants » par le leadership d'un parti ou d'une organisation. Denis Saint-Martin insiste bien dans son article sur l'hypothèse suivant laquelle c'est l'ambiguïté et le flou même du texte de *Reinventing Government* qui a été une condition de son succès auprès de publics aussi apparemment éloignés que des chefs d'entreprises, des responsables d'organisations internationales, des consultants, des hauts fonctionnaires, de nombreux pays et des dirigeants du cabinet de Bill Clinton. Selon Saint-Martin, les idées de Gaebler et Osborne ne peuvent être véritablement comprises et analysées que comme des idées de nature politique plutôt qu'académique ou théorique, c'est ce qui explique, selon nous, leur succès auprès d'une classe politique à la recherche de nouveaux « signifiants flottants » à même de rassembler un public technocratique, économique, satisfaire aux demandes démocratiques populistes de contrôle sur la sphère administrative et obtenir des coalitions avec certains républicains modérés au Sénat ainsi qu'avec les syndicats réformistes.

politiques de restructuration budgétaire et gestionnaire des services publics propres au néo-management, mais bien au fait qu'il s'agit du discours qui a servi de visage au NPM à travers le monde. Et ce, alors même que le gouvernement de la Nouvelle-Zélande avait d'ores et déjà initié des politiques publiques en ce sens avant même la publication du livre. Si ce n'est pas la Nouvelle-Zélande qui a marqué l'imaginaire collectif du NPM cela tient bien, selon Saint-Martin, à l'origine géographique du discours RG : les États-Unis adossés à leur puissance diplomatique et culturelle mondiale.

Du *soft-power* américain aux gauches sociales libérales de la « troisième voie »

L'administration de Bill Clinton succède aux années « Reagan-Thatcher » et le propos porté par Gaebler et Osborne lui paraît adéquat au contexte politique. En effet, sur fond de continuité austéritaire pour les services publics, le discours s'euphémise et il s'agit désormais de sortir de la critique issue des théories du *public choice*[95] qui accompagnaient la rhétorique néolibérale. Ces dernières avaient conduit Ronald Reagan et Margaret Thatcher à tenir un discours techno-populiste radicalement anti-administration[96] au motif que les bureaucraties étatiques étaient foncièrement antidémocratiques. Les administrations publiques étaient ainsi accusées de tous les maux, du fait de leur mode de fonctionnement complexe, leur pré-

95. L'un de ses représentants principaux étant William Niskanen, auteur de *Bureaucracy and Representative Government*, Routledge, New York, 1971.

96. L'origine américaine du « mammouth » à dégraisser de l'ancien ministre de l'Éducation nationale – et climatosceptique notoire – Claude Allègre, devant sans doute être recherchée du côté de l'expression « *fat cats* » liée à la *public choice theory*.

tendu refus spontané d'appliquer les réformes portées par les représentants élus au titre de leur statut juridique et leur poids économique sur la société, source selon les thuriféraires de la « nouvelle droite », de politiques fiscales anti-business et injustes pour les pauvres.

David Osborne est ainsi chargé par Bill Clinton et son administration de participer à haut niveau à l'élaboration et l'encadrement des contenus de la National Performance Review, instrument central de l'application des politiques néo-managériales aux services publics et administrations américaines (redimensionnement, « agencification », contrôle de qualité et application des méthodes de l'expertise comptable commerciale au calcul des coûts).

En Angleterre comme aux États-Unis, la fin du règne de la nouvelle droite se concrétise par la montée en puissance de la « troisième voie », la gauche sociale libérale, pro-économie de marché et attachée à une rhétorique de « modernisation » des services publics plutôt que de démantèlement de ces derniers. De l'Amérique du Nord à l'Europe, les gouvernements basculent successivement dans ce nouveau paradigme pensé d'emblée comme une réponse de nature globale, internationale à la période politique précédente[97].

97. On songera ici aux textes et manifestes de Anthony Giddens accompagnant le mandat de Tony Blair, ainsi que les textes communs entre Gerhard Schroeder et Tony Blair pour les élections européennes de 1999, auxquelles répondaient clairement les courants du Parti socialiste incarnés par M. Rocard, J. Delors, C. Allègre – ce dernier étant fièrement passé au sarkozysme en 2007 – et F. Hollande en France.

La diffusion des discours managériaux par les organisations internationales

Pour Denis Saint-Martin, le succès du discours néo-managérial porté par le livre de Gaebler et Osborne, est lié à l'impact du *soft-power* américain sur la culture économique mondiale, notamment au travers des institutions définissant au niveau international les normes du bon comportement économique : Banque mondiale, FMI, OCDE (notamment à travers les programmes PUMA ou SIGMA qui étaient censés adosser l'intégration européenne et la modernisation occidentale des pays anciennement soviétiques à des politiques de management public inspirées du NPM), plus tard, OMC, autant d'organismes reconnus comme des sources normatives déterminantes pour les économies modernes selon le consensus académique portant sur l'histoire du New public Management[98].

L'influence déterminante des États-Unis sur ces instances internationales (en particulier l'OCDE, dont l'existence historique est intrinsèquement liée au contrôle américain sur la mise en place du plan Marshall à l'échelle européenne[99]) se comprend

98. N. Matyjasik et M.Guenoun, *En finir avec le New Public Management*, *op. cit.*

99. L'OCDE succède en effet à l'Economic Cooperation Administration (ECA) créée par les Américains en 1948 afin de gérer l'implémentation du plan Marshall avec les administrations européennes. Selon Saint-Martin, les historiens des politiques de planification économique s'accordent à dire que l'ECA et l'OCDE ont joué un rôle déterminant dans la diffusion et l'hégémonie de la conception américaine des politiques publiques, industrielles et commerciales à travers le monde. Une domination aux effets discutables pour l'économie mondiale, selon l'économiste Han-Joon Chang, professeur à Cambridge, récipiendaire du prix Léontieff pour l'avancement des limites de la pensée économique. Voir Han-Joon Chang, *Bad Samaritans. The myth of the free trade and the secret history of capitalism*, Bloomsbury press, 2008. Il revient longuement sur l'effet selon lui néfaste des politiques néolibérales et du New Public Management à travers le monde et plaide pour une analyse froide du comportement réel des pays anglo-américains.

mieux selon Saint-Martin si l'on perçoit également les liens directs entre les grandes firmes de *consulting* américaines et ces organismes ou, plus encore, les liens entre David Osborne, Ted Gaebler et de nombreux cadres de haut niveau de ces institutions. Le PUMA (Public Management and Administration Comittee) de l'OCDE est ainsi apparu comme une véritable « arène » d'élaboration, de discussion et de transmission des idées néo-managériales à l'ensemble des pays du bloc occidental[100]. Selon Saint-Martin, Osborne et Gaebler ont rencontré à de nombreuses reprises des hauts fonctionnaires de nombreux pays invités à prendre part aux sessions de formation et de discussion dispensées par le groupe PUMA.

L'un des exemples les plus flagrants de l'emprise de cette conception américaine de l'action publique sur les standards internationaux de gouvernance peut être trouvé dans le Ministerial Symposium on the Future of public Services créé par l'OCDE au milieu des années 1990. Cette structure était présidée par Alice Rivlin, ancienne directrice de l'Office of Management and Budget (OMB) de l'administration Clinton. Dans cette dernière fonction, elle a été amenée à travailler main dans la main avec David Osborne au moment où il était lui-même en 1993, conseiller spécial de la Maison-Blanche au moment de la National Performance Review. À cette même époque, Alice Rivlin dirigeait également le President's Management Council, organisme créé pour s'assurer de l'implémentation du rapport issu du National Performance Review largement rédigé par Osborne.

100. Andrew P. Cortell and James W. Davis Jr., « How Do International Institutions Matter? The Domestic Impact of International Rules and Norms », *International Studies Quarterly*, vol. 40, n° 4 (déc. 1996), p. 451-478.

Selon Denis Saint-Martin, il faut retenir de tout cela que la présidente d'une organisation créée par l'OCDE pour promouvoir au plus haut niveau politique un changement dans le secteur public était elle-même une ardente défenseure de la vision du New Public Management élaborée par Gaebler et Osborne. Le Ministerial Symposium de l'OCDE a donc servi de plateforme privilégiée de diffusion de l'idéologie néo-managériale américaine typique des années 1990 à l'ensemble des ministres et hauts fonctionnaires internationaux présents dans ce groupe.

Accompagnant l'émergence des organisations internationales (OI) modernes, l'histoire du Plan Marshall nous renseigne également sur l'importance des cabinets de conseil dans l'élaboration et le pilotage des politiques publiques, notamment économiques, auprès des gouvernements européens dès la fin des années 1940. Le livre *McKinsey's Marvin Bower* de Elizabeth Haas Edersheim montre bien l'importance que les cadres dirigeants de McKinsey ont eue dans la transformation des appareils productifs français, néerlandais et italiens dès les années 1960. L'ouvrage décrit même l'influence déterminante de la « Firme » auprès du Général de Gaulle dans la gestion du Plan Marshall[101].

---

101. Voir Elizabeth Haas Edersheim, *McKinsey's Marvin Bower Vision, Leadership, and the Creation of Management Consulting*, John Wiley and sons, Hoboken New Jersey, 2004. Notamment p. 105 : « John Macomber (who opened the Paris office) reflects on the challenges, excitement, and rewards for those involved in this migration (…) In the beginning [in France], we were not particularly well accepted. And then […] a series of events […] got us on the network. De Gaulle was very much in. He was terrific. He was maddeningly brilliant, incisive, aloof, all the characteristics you've heard about, and very brave. Very brave. Working in that environment [with the leading industrialists] was fantastic. That was in the days when the 'le plastique,' which were the bombs, were going off all over Paris, and Algeria was a big thing. »

Enfin, on peut également citer – parmi bien d'autres événements historiques majeurs et sans souci d'exhaustivité – l'influence de la commission tricontinentale initiée par Zbigniew Brzezi ski pour lutter contre le modèle soviétique sur le front de la culture économique et démocratique des responsables du bloc occidental. Le sociologue des organisations Michel Crozier, déterminant dans l'histoire de l'importation en France[102] (tant au sein de l'université que des institutions politiques) des idéologies managériales américaines, a participé à l'une des réunions de cette organisation[103]. Dans le rapport qu'il a contribué à rédiger au cours de la session de la commission portant sur les institutions démocratiques en Europe, aux États-Unis et au Japon, Crozier et ses coauteurs faisaient recours aux nouvelles théories du management privé pour rénover le modèle de l'État démocratique occidental. Les chercheurs Isabelle Berrebi-Hoffmann et Pierre Grémion nous résument ainsi ce rapport de 1979 : « Les trois rapporteurs diagnostiquent une crise de gouvernabilité des États démocratiques résultant de la surcharge (*overload*) des demandes qui convergent vers eux. Peu après, le sociologue prend définitivement ses distances avec l'ancien réformisme en plaidant pour un État-manager supplantant l'État-gouvernant (*Ruler*, dans le texte)[104]. »

---

102. Voir François Chaubet, « Michel Crozier, entre la France et les États-Unis. Parcours international d'un sociologue », *Vingtième Siècle*, Revue d'histoire, vol. 119, n° 3, 2013, p. 71-84.

103. Michel Crozier, Samuel Huntington, Juji Watanuki, *The Crisis of Democraties. Report on the Governability of Democraties to the Trilateral Commission*, New York University Press, 1975.

104. Isabelle Berrebi-Hoffmann et Pierre Grémion, « Élites intellectuelles et réforme de l'État. Esquisse en trois temps d'un déplacement d'expertise », *Cahiers internationaux de sociologie*, vol. 126, n° 1, 2009, p. 39-59.

L'État-providence, père de tous les vices

La thèse de la démocratie rendue « ingouvernable » par le développement d'un État-providence créant des services publics et des administrations obèses difficilement pilotables et coûteux s'impose. Revenons brièvement sur les présupposés socio-économiques et politiques du point de vue défendu par ce rapport de la Commission Trilatérale de 1979. L'État-providence, parce qu'il habituerait les populations à une aisance matérielle et leur conférerait, via les politiques sociales, un vrai pouvoir de contestation sociale en tant que classe moyenne économiquement forte, rendrait ces dernières inaptes à des réformes économiques d'ampleur. En particulier celles qui ont trait à la privatisation des services publics, au dumping social et industriel, et qui visent à faire adopter aux gouvernements et entreprises occidentales les mantras de la globalisation et des délocalisations économiques. Ces réformes étant ici réputées nécessaires à l'intégration politique des pays en voie de développement dans l'orbite du camp occidental démocratique. Les sociétés civiles, rendues individualistes et sujettes à une montée en puissance des revendications en faveur de plus d'intervention du peuple dans la prise de décision politique sont jugées par les membres de la commission – Samuel Huntington en tête – inacceptables pour l'organisation d'un ordre international rationnel et pacifié par le libre-échange. Un mode de pensée proche des idées néoconservatrices et qui mérite une analyse critique de leurs présupposés. Le philosophe Jürgen Habermas s'y livrera justement dans son article « La crise de l'État social[105] ». Isabelle Berrebi-Hoffmann

105. Jürgen Habermas, « La crise de l'État social », *Écrits politiques*, Champs Flammarion, 1999.

et Pierre Grémion ajoutent : « Pour Michel Crozier, le Consultant doit supplanter le Technocrate, l'activité de conseil étant fondée sur la mise en œuvre de l'analyse de système. Il s'agit de développer les capacités de *consulting* externes aux organisations administratives, au lieu de les abandonner à leur seule expertise interne. Le consultant devient ainsi l'acteur stratégique du passage à un nouveau mode managérial public instaurant un nouveau régime de rationalité. Jamais Michel Crozier n'est allé aussi loin dans l'affichage du rôle du consultant que dans ce texte de 1979[106]. »

Cependant, au niveau intra-national, c'est un autre type de mode de diffusion des idées et méthodes qu'il faut étudier pour comprendre plus en profondeur le niveau de pénétration de ce discours dont l'effet principal est l'externalisation croissante des services publics et de l'expertise politique auprès des cabinets de conseil et leurs prestataires. Denis Saint-Martin montre ainsi que c'est l'existence d'un maillage extrêmement serré de *think tanks* et de fondations largement financées par les plus grandes firmes américaines de *consulting* qui est la cause de l'adoption profonde de la pensée et de la pratique néo-managériale d'inspiration sociale libérale (et plus seulement liée à la *new right* et à la *public choice theory*) tant aux États-Unis qu'à travers le monde, via le lien entre le business du *consulting* et la mise en circulation d'idées nécessitant leur intervention au sein de l'État[107].

---

106. *Ibid.*

107. On peut aussi se reporter avec profit aux analyses de Jean-Jacques Servan-Schreiber lui-même qui liait le processus historique de l'unification juridique et politique européenne à l'influence des cabinets de conseil américains sur les gouvernements et entreprises. Voir à ce propos l'article « The U.S. Influence on the Evolution of Management Consultancies in Britain, France, and Germany since 1945 » de Matthias Kipping, professeur à l'université d'York et Schulich School of Business, sur le site de la *Business History Conference* et qui mentionne les analyses de Servan-Schreiber.

• *Le rôle des cabinets de conseil anglo-américains dans la généralisation du NPM*

La publication de *Reinventing Government* en 1992 a donné lieu à la constitution d'un véritable « *RG policy network*[108] », réseau politique composé de groupes de pression très influents. Le premier est l'Alliance for Redesigning Government. Elle a été créée sous l'impulsion de la National Academy of Public Administration (NAPA) et dirigée par David Osborne. L'Alliance rassemble des consultants en management, des universitaires et des managers publics pour partager des idées, problèmes et croyances idéologiques. Non partisane et à but non lucratif, son bureau de direction est composé d'anciens politiques, de consultants et d'universitaires. Cette organisation publie la revue *Public Innovator*, largement financée par le groupe américain Arthur Andersen – leader mondial du *consulting* privé jusqu'à sa disparition avec le scandale de conflit d'intérêts autour du géant énergétique Enron.

Quelques mois avant la sortie de son ouvrage David Osborne fonde le Public Strategies Group (PSG), une entreprise de conseil en management établie au Minnesota et dont les services se centrent sur « la transformation de gouvernements trop bureaucratiques en services publics orientés-usager et orientés-résultat[109] ». Au cœur de la stratégie de cette entreprise, on trouve le réseau international Reinventing Government Network (RGN), qui vise à accompagner les administrations publiques dans l'implémentation de long terme de stratégies de reconfiguration administratives et économiques. Le RGN a des associés aux États-Unis, au Canada, en Australie, en Grande-Bretagne ainsi qu'aux

---

108. Denis Saint-Martin, *op. cit.*

109. Voir Denis Saint-Martin, *op. cit.*

Pays-Bas. Ce réseau est au cœur des prestations de service vendues par le groupe d'Osborne, le PSG. Le PSG employait des consultants de son réseau RGN sous la forme de sous-traitants spécialisés. Ce faisant, le PSG proposait à la firme où était directement employé son prestataire, une extension de son propre contrat, dans l'optique d'une réciprocité de l'entreprise en question à l'égard du groupe PSG dans un cas similaire. Le PSG et le RGN fonctionnant ainsi suivant une logique de collaboration avec un ensemble très vaste de groupes de conseil internationaux.

Le réseau RGN est ainsi apparu comme un outil économique puissant au service de la firme de David Osborne, mais également comme un outil marketing redoutable pour les entreprises et consultants partenaires pour apparaître à l'avant-garde de l'intervention dans le secteur public, aux côtés du « réformateur-en-chef ». C'est ainsi que l'idéologie de Reinventing Government s'est muée en slogan marketing pour les plus grands groupes mondiaux du conseil. KPMG affichait à cette époque dans ses publicités ses « succès dans la réinvention du gouvernement », pendant que Price Waterhouse créait des « *Reinvention teams* » et vantait sa « *Methodology for Reinvention* » aux administrations[110].

Il ne s'agissait pas seulement pour ces entreprises de reprendre et de diffuser un nouveau jargon et de nouvelles méthodes, mais bien de susciter et de renforcer, via ce type de réseaux et d'opportunités, la demande croissante des pouvoirs publics pour les prestations de conseil émanant de leur flamboyantes « *Government Consulting Divisions* ».

Une tendance économique que ce secteur a dû accompagner de toutes ses forces à la fin du XXe siècle, tant les crises écono-

110. *Ibid.*

miques liées aux chocs énergétiques des années 1970 ont contracté le marché du conseil aux entreprises, sa première source de revenus. Saint-Martin rappelle ainsi que l'essor des divisions « affaires publiques » des grandes firmes du *consulting* débouche dans les années 1980 sur un renforcement considérable de leurs investissements dans les *think tanks*, fondations, événements para-académiques et dans le financement de livres. Certains de leurs consultants se voyant même accorder du temps et des ressources pour écrire ces ouvrages-vitrines, mobilisant bien souvent la division marketing du groupe pour favoriser la diffusion la plus efficace possible auprès des élites socio-économiques[111].

Par exemple, durant cette période, McKinsey dépensait déjà près de 50 à 100 millions de dollars par an en recherche et développement (R&D). Le cabinet publie alors des dizaines d'ouvrages, tels que le best-seller *In Search of Excellence* de Peters et Waterman[112], vendu à quatre millions d'exemplaires au cours de ses quatre premières années d'existence.

Plus proche de nous, en France, l'Institut Montaigne, l'un des *think tanks* les plus influents du pays en matière de politiques publiques, est financé entre autres par les plus grandes firmes mondiales du consulting, tels que le Boston Consulting Group, McKinsey, Capgemini, KPMG, Roland Berger, ou encore AT Kearney[113]. Jeremy Rifkin, théoricien américain de la transition

---

111. Voir par exemple Annette Felzani Dwyer, Ford Harding, « Using Ideas to Increase the Marketability of Your Firm », *Journal of Management Consulting*, 1996. Cité dans Denis Saint-Martin, *op. cit.*

112. Robert H. Waterman, Thomas J. Peters, *In Search of Excellence, Lessons from America's best-run companies*, Harper and Row, 1982.

113. Voir la page « Adhérer à l'Institut Montaigne », rubrique « ils nous soutiennent », sur le site de l'Institut Montaigne.

énergétique et auteur de nombreux best-sellers[114] a été quant à lui conseiller spécial de très nombreux dirigeants européens, d'Angela Merkel à François Hollande, en passant par le gouvernement portugais et la Commission européenne. Il travaille étroitement avec l'énergéticien et cabinet de conseil en stratégie énergétique américain Black and Veatch[115]. Par ailleurs, il est lui-même le dirigeant d'un cabinet de conseil sur les questions de transition écologique et industrielle : TIR consulting group, dont l'un des projets récents – financé par le programme Erasmus et l'Union européenne – est l'élaboration de nouvelles normes européennes pour les organismes de formation professionnelle et du supérieur[116].

En 2017, McKinsey cultivait indirectement (ou très directement selon l'appréciation du lecteur) ses relais d'influence directe auprès du pouvoir à travers l'engagement « citoyen » de Karim Tadjeddine, vice-président de McKinsey France auprès du candidat Emmanuel Macron. Partie prenante active notamment de

114. Tels que *La Société du coût marginal zéro*, *La Troisième Révolution industrielle* et plus récemment *The Green New Deal*.

115. Voir le site internet personnel de Jeremy Rifkin. Black and Veatch revendique sa capacité de conseil stratégique et logistique en matière de gaz naturel liquéfié auprès de ses clients internationaux, ainsi que sur l'hydrogène, l'une des énergies défendues ardemment par Rifkin dans ses théories récentes.

116. Voir le projet European Certificates and Accreditation for European Projects (EU-CERT) : « the project aims to enhance quality in adult education and helps to ensure that adult education providers are able to find high-quality adult education results which can be used in practice, and which becomes base for excellent adult education projects ». Le site de TIR consulting mentionne également dans sa rubrique « previous projects », des travaux dont certains titres peuvent prêter à sourire, comme la « Start up battle », destinée à lutter contre le chômage des jeunes en Arménie, en Grande-Bretagne, Croatie, Bulgarie, Roumanie… On trouve encore un projet d'incitation à l'adoption du *e-learning* par les enseignants européens, accompagné d'un livre et d'une série d'applications, ainsi qu'une série de projets orientés du côté de la formation des adultes à l'adoption et la gestion de carrières professionnelles hachées, dans la droite ligne de l'idéal social-libéral de la « flexisécurité ».

premières levées de fond et des élaborations programmatiques, Tadjeddine semble avoir joué un rôle structurant dans le démarrage de la campagne[117].

Denis Saint-Martin nous invite à retenir les éléments suivants comme tendances historiques déterminantes dans la diffusion massive de l'idéologie néo-managériale moderne des États-Unis au reste du monde dans les années 1990 : les idées liées à Osborne et Gaebler ont trouvé écho auprès d'un large public, de droite comme de gauche, technocratique au sens large, parce qu'elles ont fait figure, auprès des élites politiques de l'administration Clinton de « troisième voie » dépassant l'alternative entre État et marché. L'influence des membres de l'administration Clinton, au premier rang desquels Osborne et ses proches, ainsi que le développement croissant des productions culturelles et des réseaux commerciaux, fondations, *think tanks*, liés aux cabinets de conseil, ont permis la diffusion des idées néo-managériales sociales libérales qui apparaissent rétrospectivement comme une cause aussi bien qu'une conséquence de la volonté des firmes internationales du *consulting* de trouver de nouveaux débouchés commerciaux face à la réduction conjoncturelle de leur zone de chasse traditionnelle, l'audit et la restructuration des entreprises. La conséquence historique de ce changement résulte principalement dans l'explosion du recours des administrations publiques à leurs services, ce qui renforce toujours plus leur emprise idéologique sur les pouvoirs publics.

117. Voir François Krug, « Karim Tadjeddine, le super-consultant macroniste dans la tourmente », publié sur le site du journal *Le Monde*, 1er avril 2022.

La notion « d'élites stratégiques »

Selon la sociologue américaine Suzanne Keller, le concept « d'élites stratégiques » est essentiel pour mieux comprendre le rôle et l'influence d'acteurs ambivalents comme les consultants. Jouant du flou de leurs missions et de leurs fonctions, de leur nature bifide, volontairement, professionnellement à mi-chemin entre le secteur public et le secteur privé, ces derniers peuvent être considérés comme détenteur d'un pouvoir d'action particulier sur l'élaboration des politiques publiques et de leur réalisation. Afin de mieux le comprendre, nous nous proposons de revenir tout d'abord sur la notion d'élites stratégiques.

Suzanne Keller[118] cherche tout d'abord à prendre position dans le débat qui oppose les tenants de la vision « moniste » – c'est-à-dire ceux qui pensent que les élites actuelles composent un groupe social homogène (culturellement, économiquement, politiquement), que l'on retrouve à chaque niveau de définition du pouvoir dans les sociétés industrielles – aux tenants de la vision « polyarchique » (pour reprendre le terme du sociologue Robert Dahl[119]), qui défendent une approche différenciée des strates de pouvoir et des relations ambivalentes entre ces strates et groupes sociaux pluriels.

La conception polyarchique, dans laquelle s'inscrit Suzanne Keller, définit les élites sociopolitiques comme un ensemble de groupes minoritaires, présents à différentes échelles de pouvoir (local, national, économique, politique, juridique, culturel...),

118. Dans son ouvrage *Beyond the ruling class. Strategic Elites in Modern Society*, Random House, 1963.

119. En particulier, Keller discute l'application de cette notion à l'analyse des structures de pouvoir local telle que Robert Dahl l'a produite dans son ouvrage, *Who governs. Democracy and Power in an American City*, Yale University, 1961.

et dont les intérêts peuvent ou non être alignés simultanément en fonction des conjonctures historiques et des trajectoires sociales individuelles[120]. Selon elle – et dans la veine de l'analyse de Durkheim dont elle s'inspire –, la complexification de la stratification sociale dans les sociétés industrielles résulte de l'intensification de la division des tâches productives et intellectuelles, tendant vers une hyperspécialisation des compétences de chaque individu dans l'ensemble du corps social. Le même phénomène s'applique aux élites modernes. Dès lors, on assiste à une complexification des rôles et des fonctions de ces mêmes élites. Son analyse a été reçue comme l'invitation à se rendre sensible aux formes modernes de l'opportunisme social, en particulier en ce qui concerne le pouvoir à l'échelle nationale[121]. Pour William Genieys par exemple : « La critique de l'élite du pouvoir avancée par Suzanne Keller autour du rôle stratégique de certaines élites (*Strategic Elites*) dans les bureaucraties des États occidentaux mérite d'être rappelée. Les élites stratégiques sont comprises comme celles qui sont capables d'agir en deçà de l'élite du pouvoir, notamment à travers le choix des politiques publiques. »

Suzanne Keller définit une des caractéristiques clefs des élites stratégiques propres à nos sociétés industrialisées comme étant l'intervention auprès des tenants contextuels d'un pouvoir social déterminant (économique, culturel, politique), en vue de favoriser l'adéquation entre les normes légales et morales et l'action.

120. Elle se réfère à de nombreuses reprises à la pensée de Sorokin qui défendait lui-même la distinction entre la motivation individuelle des élites à poursuivre leur carrière et la signification sociale de leur existence, signification elle-même contextuelle et dynamique sur le plan historique individuel et collectif.

121. Voir William Genieys, « Nouveaux regards sur les élites du politique », *Revue française de science politique*, vol. 56, n° 1, 2006, pp. 121-147. En particulier la note 37.

Elle critique, ce faisant, la théorie du sociologue Talcott Parsons[122] suivant laquelle puisqu'on ne peut raisonnablement reconnaître l'existence d'une classe dirigeante unique et fermée sur elle-même, et que la myriade des groupes et sous-groupes sociaux constitutifs du fonctionnement social d'ensemble n'est pas coordonnée par un seul groupe dominant, ce sont les valeurs sociales et l'ordre moral dominant qui harmonisent l'ensemble. Mais, selon Keller, quand bien même on ferait reposer cet ordre moral non pas seulement sur une analyse psychologique abstraite ou la convocation d'un « inconscient collectif » spéculatif, mais bien sur les institutions légales et culturelles, comme le fait Parsons, on ne parviendrait toujours pas à expliquer la différence entre les normes et les pratiques qui est le fait caractéristique de toute société à toute époque. L'organisation sociale est, selon Keller, caractérisée par une inadéquation de principe entre les normes (lois, règles de conduite professionnelles, éthiques, religieuses...) et les actions qu'elles encadrent.

La notion de « régulation sociale » des institutions et des groupes ne peut se comprendre qu'en un sens métaphorique, idéal-typique (visant à produire l'intelligibilité du phénomène par une construction intellectuelle), et non en un sens ontologique, prétendant décrire le réel lui-même. Autrement, selon elle, nous serions une sorte de fourmilière ou de grand mécanisme routinier et les problèmes sociopolitiques n'existeraient même pas puisqu'ils se résoudraient dans la seule identification et application de la norme manquante. Or, c'est bien la difficulté non seulement à définir, mais plus encore à appliquer ces normes au réel qui caractérise l'affairement de la vie sociale dans toutes les

122. Notamment son ouvrage paru chez Taylor and Francis, Routledge, *The Social System*, 1951.

couches de toutes les nations. C'est donc qu'il manque un rouage au mécanisme d'ensemble. Elle introduit ainsi la fonction organisationnelle caractéristique des « élites stratégiques » modernes dont la tâche est l'articulation (intellectuelle, managériale ou technicienne) des normes et du réel pour faire tenir ensemble les ordres économique, militaire, diplomatique, moral et politique[123].

Pour Keller, la notion d'élites stratégiques désigne tout d'abord l'ensemble des élites typiques des sociétés modernes, industrielles, sécularisées, administrativement, scientifiquement, culturellement complexes, sous l'angle du renforcement de la division du travail, qui engendre *de facto* une spécialisation réduisant la prétention à un pouvoir absolu définitif sur la société. Pour autant, l'un des autres points saillants des élites modernes, selon cette analyse, explique un peu mieux leurs systèmes d'interdépendance ainsi que la dépendance conjoncturelle des sphères de pouvoir à certains groupes : la fonction d'articulation de la norme à l'action devient plus prégnante que par le passé, du fait de l'inflation administrative et technologique. Pensons ici au recours croissant aux cabinets de conseil dans les tâches d'implémentation, les tâches opérationnelles de réalisation d'une politique (comme ce fut le cas de McKinsey avec la politique vaccinale). De sorte que les cabinets de conseil correspondent pleinement, nous le voyons, à l'essor de cette fonction sociologique centrale. Et ces derniers ne se privent pas de faire correspondre les normes qu'on leur demande de produire avec celles qui dictent leurs impératifs économiques et individualistes propres en tant qu'institutions et agents sociaux opportunistes.

---

123. Voir Suzanne Keller, *op. cit*, p. 92-93.

Les « élites stratégiques » du conseil, pilotes de la LOLF

Un des exemples récents sur lesquels on peut s'appuyer pour illustrer l'importance des cabinets de conseil comme élites stratégiques, à la fois mandatées pour produire des normes et les faire appliquer et opportunistes quant à l'articulation de cette mission d'intérêt public avec leurs propres intérêts socio-économiques conjoncturels, se trouve dans l'élaboration des politiques publiques de santé en France[124].

Depuis l'émergence de la micro-électronique et la démocratisation des ordinateurs, les administrations publiques et responsables politiques guidés par la norme néo-managériale cherchent partout à travers le monde à utiliser ce nouvel état de fait technique des sociétés contemporaines pour renforcer le contrôle budgétaire et l'efficacité des services publics. La santé a ainsi connu des bouleversements politiques corrélés à ces révolutions technologiques. C'est ainsi que l'Objectif national des dépenses d'Assurance maladie (ONDAM) amené par les ordonnances d'Alain Juppé en 1996 est le produit d'une volonté d'introduire une logique budgétaire hyper rigoriste de contrôle des dépenses, en particulier dans le secteur hospitalier dont l'informatisation (en vue des remontées d'informations) devient la condition de possibilité[125]. La logique de la tarification à l'acti-

124. Voir Frédéric Pierru, « Le mandarin, le gestionnaire et le consultant. Le tournant néolibéral de la politique hospitalière », *Actes de la recherche en sciences sociales*, n° 193, 2012.

125. Voir Audrey Boulard, Simon Woillet et Eugène Favier-Baron, *Le Business de nos données médicales*, FYP éditions, 2021. Voir également Frédéric Pierru, « Budgétiser l'assurance maladie. Heurs et malheurs d'un instrument de maîtrise des dépenses publiques : l'enveloppe globale (1976-2010) », chap. 9, *in* Philippe Bezès éd., *Gouverner (par) les finances publiques*, Presses de Sciences Po, 2011, p. 393-449.

vité (T2A) introduite en 2003 par le « plan hôpital 2007 », en est la conséquence logique et suit le fil de la « nouvelle gouvernance hospitalière »[126].

Cette dernière est directement inspirée des principes managériaux et économiques édictés par l'OCDE tels que la « nouvelle gestion publique » et la « budgétisation axée sur la performance »[127]. L'implémentation de ces politiques publiques de restructuration administrative (création des Agences régionales de santé par exemple, ARS) et d'informatisation du contrôle des institutions de santé s'est appuyée très largement sur les cabinets de conseil privé et a considérablement renforcé le recours à ces entreprises pour l'État. Ces derniers investissent également directement les ARS et les services administratifs et informatiques des hôpitaux pour faciliter la mise en place des progiciels et surtout des pratiques managériales afférentes. Plus récemment, les cabinets spécialisés dans la numérisation des services et organisations tels qu'Accenture et Capgemini[128] se sont retrouvés au cœur de l'élaboration des politiques publiques de santé, dont le controversé Health Data Hub est l'une des manifestations paradigmatiques – organisme hybride, « groupement d'intérêt public » visant à ouvrir les données de santé

126. Dont les objectifs sont de : « responsabiliser » le personnel soignant et non soignant ; élargir l'autonomie de l'établissement ; instaurer des contrats entre les différents acteurs de la santé. Concrètement il s'agit de mettre en place des pôles d'activité : les services hospitaliers qui sont déjà un regroupement d'unités médicales vont à leur tour se regrouper au sein de pôles. Ce nouveau découpage de l'hôpital répond avant tout à une logique économique : il s'agit de mutualiser les ressources afin de limiter les dépenses.

127. Voir encore aujourd'hui le rapport d'Éric Woerth et Laurent Saint-Martin, « Rapport d'information relatif à la mise en œuvre de la loi organique relative aux lois de finances », 11 septembre 2019.

128. Voir « Investissements et économies dans la santé : quand le PM se faisait épauler du binôme Ylios-Capgemini », publié le 8 juillet 2021 sur le site *Consultor*.

des Français aux départements Recherche des industriels de la santé et dont les bases de données sont hébergées sur les serveurs de Microsoft, suscitant ainsi un scandale d'ampleur. Ainsi, c'est bien souvent à travers l'élaboration des rapports de prospective pour le gouvernement que l'influence de ces cabinets s'exerce[129].

Selon le rapport du Sénat de 2022 sur l'influence des cabinets de conseil : « La LOLF appelait évidemment les grands cabinets de conseil, puisqu'elle est gourmande en indicateurs de performance, dont les multinationales américaines du conseil ont fait l'une de leurs spécialités. Pour revenir au domaine de la santé, la tarification à l'activité (T2A) et les plans de retour à l'équilibre financier, avec un objectif national des dépenses d'assurance maladie (ONDAM) de plus en plus contraint, ont représenté des opportunités pour les cabinets de conseil. La création de la mission nationale d'expertise et d'audit hospitaliers (MEAH), puis de l'agence nationale d'appui à la performance des établissements de santé et médico-sociaux (ANAP) en 2009 ont fait travailler des cabinets de conseil sur la rationalisation des achats des établissements publics, la réduction du temps de passage aux urgences, l'optimisation des blocs opératoires, les

129. Voir le rapport du pôle interministériel de Prospective et d'anticipation des mutations économiques (PIPAME), sur la e-santé, « E-santé : faire émerger l'offre française en répondant aux besoins présents et futurs des acteurs de sante » (2016). Il est corédigé par les cabinets Open-Line (aujourd'hui filiale d'Accenture) et Care Insight. La mention suivante, figurant en préambule du rapport, prête ainsi à sourire : « La méthodologie utilisée, ainsi que les résultats obtenus, relèvent de la seule responsabilité (sic) des prestataires (Care Insight–Opus Line) qui ont réalisé cette étude. Ils n'engagent pas le PIPAME, ni l'ensemble des organismes qui l'ont demandée [dont le SYNTEC, principal syndicat professionnel des métiers du conseil en France, son représentant, Mathieu Courtecuisse, principal opposant à la proposition de loi des sénateurs dans la presse est patron d'une société de conseil en services informatiques, NDA]. Les parties intéressées sont invitées, le cas échéant, à faire part de leurs remarques à la direction générale des Entreprises (DGE) qui a coordonné le groupement de commandes de cette étude. »

services de biologie, l'élaboration des projets d'établissement, les systèmes informatiques ou la mise en place de tableaux de bord, soit sur tout un panel de services proposés par les multinationales du conseil. »

De manière plus centrale, et derrière l'impulsion informatique, l'origine de ce type de politiques publiques est donc bien à rechercher du côté de la Loi organique aux lois de finances (LOLF), promulguée en 2001 sous le gouvernement Jospin, entrée en vigueur en 2006 et dont nous avons déjà mesuré plus haut l'importance. Il s'agit du cadre général d'application des doctrines budgétaires et managériales liées aux standards internationaux définis notamment par l'OCDE et... les cabinets de conseil ! En effet, ces derniers sont une pierre angulaire de la production des normes et indicateurs permettant l'application de ce cadre juridico-budgétaire et managérial. Ainsi, la Cour des comptes, en vue de l'application de l'article 58-5, lui confiant la mission de certification des comptes de l'État, s'entoure d'experts issus du monde des cabinets de conseil, censés garantir l'application des méthodes de certification dites International Standards on Auditing (ISA), produites par l'International Auditing and Assurance Standards Board (ISAAB). L'ISAAB est un organisme international dépendant de l'International Federation of Accountants (IFAC).

Consultants et normes comptables

Or, qui retrouve-t-on à la direction de ces instances émettrices de normes aussi importantes pour l'avenir des administrations et des populations sous leur responsabilité ? Des anciens employés de cabinets de conseil. Par exemple James Gunn, *Managing Director* de l'ISAAB, ancien salarié de la branche assurance de KPMG au Canada. Ou encore Kevin Dancey, actuel *Chief Executive Officer* (CEO) de l'International Federation of Accountants (IFAC), qui est l'organisme de tutelle de l'ISAAB produisant les normes que doit appliquer la Cour des comptes. Dancey est un ancien salarié (*senior partner*) du groupe Price Waterhouse Cooper (PWC) de 2001 à 2005[130]. Asmâa Resmouki, présidente adjointe de l'IFAC depuis 2020 a, quant à elle, été salariée des branches marocaines des groupes Deloitte et Ernst and Young (EY). Linda De Beer, présidente de l'organisme chargé de superviser l'intégrité éthique de l'IFAC, appelé Public Interest Oversight Board, est une ancienne de KPMG en Afrique du Sud[131].

Le lien historique entre l'activité d'audit, d'analyse comptable, de conseil en restructuration des organisations et management, caractéristique de l'activité des cabinets de conseils, trouve ainsi sa pleine puissance sociologique dans la transposition de ces normes et pratiques à l'échelle d'institutions internationales prescrivant directement aux organismes publics les critères de validité – « d'authenticité » en l'espèce, puisque l'on parle ici de « certifier » les comptes publics – des politiques économiques.

---

130. Voir sa page dédiée sur le site officiel de l'IFAC.

131. Voir sa biographie sur le site Market Screener : « Linda de Beer is Chairman at Public Interest Oversight Board, Director-Development & Training Programmers at The Institute of Directors and Member of The King Committee on Corporate Governance and on the board of 8 other companies. She previously occupied the position of Finance Director for Jay & Jayendra (Pty) Ltd., Senior Executive-Standards at The South African Institute of Chartered Accountants, Independent Non-Executive Director at AFGRI Ltd., Manager-Audit & Tax at KPMG, Inc. (South Africa), Professor at the University of the Witwatersrand and Honorary Professor at the University of Johannesburg. »

Une production normative malade de ses racines idéologiques

Cependant, depuis de nombreuses années, les indicateurs d'efficacité des politiques économiques qui découlent de ces structures et normes comptables – non neutres idéologiquement et économiquement, comme on le voit, puisqu'ils favorisent *de facto* la mentalité et les pratiques des grands groupes de conseil jusque dans les pratiques de certification des comptes publics nationaux –, sont de plus en plus critiqués. Une enquête de l'Institut national de la recherche en informatique et en automatique (INRIA), datée de 2007 mentionnait ainsi que « le piège est de croire à la possibilité d'automatiser l'évaluation » des politiques de recherche scientifique par exemple, en ne prenant en compte que des critères quantitatifs (bibliométriques en l'occurrence) et non qualitatifs dans l'évaluation de l'impact des productions françaises à l'international[132]. De même les critères d'efficacité mis en place au niveau de la police et de la gendarmerie n'ont pas manqué d'éveiller les doutes quant à l'efficacité réelle de politiques consistant pour l'essentiel à contracter la dépense publique par la réduction drastique du nombre de postes de fonctionnaires[133].

Au niveau purement comptable, l'uniformisation des normes de comptabilité publique sur la base des conceptions issues du monde des entreprises américaines du conseil et de l'audit contrevient par essence à la révolution que certains spécialistes

132. Voir par exemple, « Que disent les indicateurs ? Entretien avec Jean-Pierre Merlet, animateur du groupe de réflexion sur les indicateurs de la commission d'évaluation de l'INRIA », 2007, sur l'archive wiki du site de l'INRIA.

133. Voir Jean-Hugues Matelly et Christian Mouhanna, *Police : des chiffres et des doutes*, Michalon, 2007.

appellent de leurs vœux face à la transition énergétique. L'intégration, dans les calculs et standards de certification des comptes, des externalités négatives en termes environnementaux et sociaux par exemple (suivant les critères dits « ESG » modernes, pour l'économie, le social et la gouvernance des organisations) est en effet selon Frédérique Dejean, professeure à l'Université Paris-Dauphine, l'enjeu d'une bataille âpre, mais nécessaire à mener, pour les Européens face aux standards chinois et américains. Il s'agit d'entrer dans l'ère de la « normalisation des informations extra-financières[134] », telles que les informations environnementales et sociales. Autrement dit, la bataille pour le protectionnisme européen et la transition écologique que nombreux appellent de leurs vœux ne peut être menée qu'en redonnant au politique la main sur les standards comptables décidés par l'idéologie des cabinets de conseil nord-américains et les intérêts industriels qu'ils défendent.

La crise de l'hôpital public, des services de police et de la recherche scientifique devraient encore plus nous faire méditer l'analyse de Suzanne Keller concernant le rôle des élites straté-

---

134. Voir l'interview de Frédérique Dejean sur la chaîne YouTube du site Xerfi Canal, « Europe/USA : comprendre la nouvelle bataille des normes comptables ». Voir également sa tribune dans *Le Monde* du 1er février 2022, « Les Européens promeuvent des rapports beaucoup plus complets que les Anglo-Saxons ». Bien qu'elle critique principalement la faiblesse des normes liées à l'International Financial Reporting Standards (IFRS) et ses organes spécialisés sur l'économie sociale et environnementale, ces organismes valant d'abord pour la comptabilité des entreprises, ils influent néanmoins sur l'édiction des standards pour les administrations publiques, à travers le transfert idéologique permanent des critères d'efficacité issus du monde de l'entreprise au secteur public. Par ailleurs, l'IFAC que nous avons étudiée plus haut pour son influence sur l'application de la LOLF et les pratiques de la Cour des comptes, soutient les normes environnementales produites par l'IFRS et ses organismes, alors que celles-ci sont jugées bien trop complaisantes avec les industries fossiles et la seule perspective financière selon Frédérique Dejean. Voir l'article « IFAC Responds to IFRS Foundation Sustainability Reporting Consultation », 10 décembre 2020, sur le site de l'IFAC.

giques, les cabinets de conseil semblant posséder l'étrange habileté de produire des normes et des méthodes faisant croire aux responsables politiques qu'elles sont des règles divines (qui leur offriraient la paix et la stabilité sociale éternelles) et qu'ils sont en mesure de rapprocher le réel de celles-ci. Mais ils paraissent pourtant bien souvent éloigner les deux plutôt que parvenir à les rapprocher du fait du déséquilibre entre leurs fonctions de conseillers et de prescripteurs (au bénéfice majoritaire de leurs intérêts économiques, semble-t-il, sans que ces derniers ne rencontrent suffisamment l'intérêt général). Causant au passage une désarticulation des composantes fondamentales de notre société au nom de l'idéologie néo-managériale et ses implications budgétaires et institutionnelles.

4

Perspectives macro-économiques sur l'influence des cabinets de conseil

De la dynamique industrielle à la dynamique managériale

•*La naissance de l'entreprise managériale américaine*

Selon l'historien de l'économie Alfred D. Chandler[135], les cabinets de conseil ont joué un rôle essentiel dans le passage du capitalisme industriel traditionnel. Le renforcement progressif de la complexité des entreprises à mesure du développement technologique, infrastructurel et économique des sociétés a conduit à une séparation historique entre la propriété financière

135. Voir Alfred. D. Chandler, *The Visible Hand, The Managerial Revolution in American Business*, Harvard University Press, 1977.

des organisations et les fonctions de gestion opérationnelle quotidienne. Les caractéristiques historiques propres à l'économie américaine ont selon Chandler permis à la « firme managériale moderne » d'émerger à partir d'une demande intérieure très forte, poussant à la complexification des réseaux logistiques, de stockage et de distribution bien plus fortement qu'en Europe ou au Japon. Ce qui a eu pour effet de complexifier la structure légale et opérationnelle des entreprises.

Par ailleurs, le Sherman Act visant à lutter contre les firmes monopolistiques et le capitalisme familial a selon lui contribué à instiller une mentalité particulière aux élites entrepreneuriales et financières américaines, en les obligeant à une démarche d'ouverture des capitaux et de complexification des procédures de gouvernance permettant un plus strict contrôle de la probité des dirigeants et de l'efficacité de la gestion et des investissements. L'entreprise managériale moderne fonctionne selon Chandler sur la base de la filialisation et la décentralisation des fonctions de commandement, permettant une plus grande agilité et rapidité d'adaptation aux mutations de marché et de conjoncture économique. La classe managériale, de la comptabilité-audit aux fonctions de direction, en passant par le conseil en organisation, a pleinement bénéficié de ces conditions particulières aux États-Unis.

Ce modèle décrit par Chandler s'est ensuite exporté au reste du monde, à travers des phases historiques d'uniformisation économique (Plan Marshall, développement de la gouvernance financière et commerciale avec l'essor des organisations internationales de type OCDE, FMI, Banque mondiale, OMC), et a débouché sur l'explosion du marché du conseil en Europe pour les grandes firmes américaines.

D'une économie capitalistique nationale à une hyper-financiarisation globalisée

Dans les années 1970, alors que l'économiste américano-canadien John Kenneth Galbraith plaidait pour la préservation d'un modèle économique stable et socialement juste sur le plan redistributif et salarial, fondé sur l'investissement de long terme dans les appareils productifs et la recherche et développement, des penseurs influents comme Elmer Winter, le fondateur de l'agence d'intérim Manpower, s'imposent. Ces derniers plaident pour une flexibilisation du marché du travail par la casse des statuts et contrats, garantie d'une compression de la masse salariale. Les syndicats, l'entreprise spécialisée et prospère car centrée sur son cœur de métier, voilà autant de totems que prétend secouer au profit de la « prise de risque » et du « marché », cette nouvelle génération d'idéologues.

Le fondateur du Boston Consulting Group, Bruce Henderson[136], a lui-même joué un rôle central dans l'élaboration du modèle de l'entreprise managériale moderne, accompagnant ainsi le passage du compromis historique « fordo-keynésien[137] » à une conception ultra-financiarisée de l'entreprise, reposant sur la restructuration permanente de ses services et activités, ainsi que la recherche constante d'acquisitions dans des secteurs leviers

136. Voir Louis Hyman, *Temp: How American Work, American Business, and the American Dream Became Temporary*, Viking, 2018. Cité par Jules Brion dans « Les cabinets de conseil gouvernent-ils le monde ? », Le Vent Se Lève, 27 septembre 2021.

137. Modèle de développement économique caractéristique de la première moitié du xxe siècle, fondé sur le réinvestissement de montants importants, voire majoritaires, du bénéfice dans l'outil de production et le soutien aux salaires, dans le but de soutenir la demande interne pour l'achat du produit, par la baisse du coût de production et donc de vente et l'appui au pouvoir d'achat des salariés, au premier chef, ceux de l'entreprise dans le cas de Ford. Un tel cadre entrepreneurial et salarial était enserré dans les politiques fiscales et redistributrices de l'État-providence rooseveltien.

de croissance distants des siens. Plutôt que de rester leader sur un marché stable, les entreprises sont incitées à investir leur capital dans de nouvelles sociétés avec de fortes potentialités de croissance. Les filiales d'une entreprise qui ne sont que très peu rentables doivent alors être revendues ou fermées, car le modèle de Bruce Henderson ne leur reconnaît aucune utilité.

L'idéal-type de ce changement de mentalité est l'entreprise américaine General Electric (GE), jusqu'alors spécialisée dans le domaine énergétique. Sous l'influence de consultants, GE diversifie son portefeuille, vend ses filiales les moins rentables et investit dans divers domaines très éloignés de son domaine d'expertise d'origine comme la santé, la télévision ou la finance[138]. Une pratique que l'on retrouve encore dans le comportement contemporain du groupe et qui l'a conduit à des choix tragiques pour la France comme pour sa stabilité financière, notamment au regard des conséquences financières désastreuses de son rachat d'Alstom[139].

Le niveau historiquement bas, du point de vue des attentes économiques saines, de la part de l'investissement productif en proportion de la rémunération des actionnaires est la conséquence macro-économique encore observable aujourd'hui d'une telle dynamique. La stratégie d'entreprise moderne est intrinsèquement marquée par cette vision issue du monde du conseil en stratégie.

Face aux contradictions en termes de stabilité économique, et notamment en cas de crise boursière, certains groupes ont connu des phases de rejet brutal des consultants. C'est par exemple le cas de GE qui a renvoyé tous ses prestataires en

138. Voir Jules Brion, *op. cit.*

139. Voir « General Electric dans la tourmente », *L'Usine Nouvelle*, 2 octobre 2018.

conseil stratégique au début des années 2000[140]. Mais les habitudes ayant la vie dure, c'est précisément la poursuite inconsidérée d'un tel comportement économique qui cause la perte de cet énorme conglomérat industriel américain, confronté à un mur de dettes, et aujourd'hui éparpillé entre les activités de productions industrielles et la e-santé. Le grand écart entre le matériel d'échographie à domicile[141] et les turbines Arabelle[142] a du plomb dans l'aile à l'heure du Covid, du retour des guerres et des tensions sur l'énergie, les matières premières et les composants électroniques.

Des réformes d'inspiration NPM importées par la gauche ?

Le modèle économique des entreprises de conseil est très sensible aux crises. Parfois en leur défaveur comme dans les années 2000, mais souvent à leur avantage. Notamment dans le cas exemplaire du Covid, et des chocs pétroliers – l'un des facteurs déterminants de la politique de désindustrialisation et de tertiarisation menée par les gouvernements occidentaux à partir des années 1970. Selon l'économiste Herman M. Schwartz[143], les périodes d'instabilité budgétaire liées aux chocs exogènes des crises énergétiques ont poussé des gouvernements très portés sur

140. Voir « Le Pouvoir des Consultants, Faits et débats », dans Isabelle Berrebi-Hoffmann (dir.), « Les Consultants font-ils le monde ? », *Sociologies pratiques*, n° 6, 2002.

141. Produit-phare de GE Healthcare.

142. Les turbines Arabelle équipent un tiers des centrales nucléaires du monde, dont les 56 réacteurs en activité en France, le porte-avions Charles de Gaulle et nos sous-marins à propulsion nucléaire.

143. Voir Herman M Schwartz, "Small states in big trouble: state reorganization in Australia, Denmark, New Zealand, and Sweden in the 1980s", *World Politics*, n° 46, 1994, p. 527-555.

la socialisation de la valeur économique dans les services publics et les aides sociales à adopter des réformes dites de « modernisation » visant à enclencher des mécanismes d'externalisation ou de privatisation des services, dans le but affiché de réduire l'exposition économique des dettes des États et de soutenir par le marché la croissance nationale.

C'est cette propension à tirer parti des crises[144] qui est une des raisons du succès des grandes firmes de *consulting* et explique également l'influence des réformes inspirées par le New Public Management sur des pays initialement attachés à l'État-providence comme la Suède ou la France. Les ministères économiques, piliers de la diffusion et de l'application des doctrines d'externalisation des services publics ainsi que de l'élaboration des politiques publiques au profit du modèle du marché, sortent toujours politiquement renforcés selon Schwarz, des périodes de contraction budgétaire. Le paradoxe tient ici à l'inefficacité économique des pratiques d'externalisation, attestée à de nombreuses époques et dans de nombreux pays, puisque le recours parfois abusif aux prestataires privés, l'agencification, l'abus de projets transministériels complexes auxquels s'ajoutent les contractions budgétaires qui créent un dysfonctionnement des services, produisent des surcoûts, sous la forme d'une inflation des embauches de prestataires ou de création d'organismes de pilotage des aspects transversaux[145]. La création d'une surcouche administrative nécessaire au pilotage de l'ensemble des contrats

144. Voir aussi le travail de Kathleen Thelen.

145. Voir par exemple la note d'analyse de François Ecalle, conseiller-maître à la Cour des comptes, « L'externalisation réduit-elle le coût des services publics ? », publiée sur le site FIPECO le 14 avril 2014. Le graphique d'Eurostat mentionné au début de l'article est à ce titre très éclairant, bien que portant seulement sur l'année 2014, car il permet de voir une décorrélation très nette, pour la majorité des pays européens, entre externalisation et baisse du coût des services publics.

de sous-traitance est la conséquence commune des conseils prodigués par les firmes de *consulting*, et ce, dans le public comme le privé, sans pour autant qu'un contrôle effectif soit garanti, tant la prolifération de ce type de prestations peut devenir envahissante pour les organisations[146].

La « marchandisation de l'État » et les risques démocratiques du nouveau paradigme du « citoyen-consommateur »

Face aux réductions des coûts des services publics escomptés par l'adoption des politiques néo-managériales et le recours aux services des cabinets de conseil, les États contemporains sont également confrontés à une transformation de leur nature économique, et de la nature politique de leur relation avec les citoyens, sur fond de malentendu intellectuel. Le chercheur Jon Pierre propose ainsi de lire le phénomène de « marchandisation de l'État », comme la construction par ce dernier de marchés publics liés aux externalisations et privatisations, qui modifie substantiellement sa position et sa capacité d'intervention économique et juridique sur la société.

---

146. Voir Isabelle Berrebi-Hoffmann, *op. cit* : « Les consultants sont, au fil des années, à la fois plus présents et plus nombreux. Plusieurs cabinets travaillent de concert, dans les grandes entreprises, dépassant le nombre de 100 à 200 prestataires de conseil juridiquement distincts, dans certains grands groupes. Ces dizaines ou centaines de prestataires sont parfois coordonnées (mais pas toujours) par un cabinet de management embauché comme "maître d'œuvre" des sous-projets réalisés par les différents intervenants. Des plateformes de projets apparaissent regroupant des centaines de consultants chargés de la transformation d'une entreprise, depuis la mise en place de progiciels de gestion intégrée, comme SAP, jusqu'à la réorganisation complète des groupes en flux d'activités, ce qu'on a appelé le *reengineering.* » L'audition par le Sénat en janvier 2022 de la Secrétaire générale du gouvernement, Claire Landais, a démontré qu'encore aujourd'hui l'exécutif français ne disposait pas de « tour de contrôle » de ses prestataires de conseil, en dépit de la multiplication des agences et de l'existence de la DITP.

Loin d'être un simple transfert de compétences du public au privé, il s'agit d'un remodelage de ses facultés à intervenir et réguler, par l'investissement ou le monopole gestionnaire, un secteur ou plusieurs secteurs d'activité. La dimension stratégique des services publics, comme la santé, les transports, l'accès à l'énergie ou l'éducation, concerne *de facto* les dynamiques macro-économiques d'une société. On en a mesuré la signification pendant la crise du Covid, notamment au travers des nombreux « métiers essentiels » liés au secteur public (soin, éducation, transport, sécurité, en première ligne), les ouvertures des écoles n'étant pas envisagées par le ministre de l'Éducation nationale Jean-Michel Blanquer comme une action purement éducative, mais intrinsèquement économique, garantissant le retour au travail de l'ensemble des salariés. L'action de l'Éducation nationale était ici directement corrélée à la reprise de la croissance économique du pays. La grille d'analyse proposée dès les années 1990 par Jon Pierre incite ainsi à étudier l'État comme acteur économique complexe, dont l'évaluation traditionnelle manque souvent la spécificité. Du point de vue même de l'analyse néo-managériale réduisant l'État à un « pourvoyeur de services », au même titre qu'une entreprise, les analyses idéologiquement dominantes tendent à sous-estimer la capacité d'achat, d'allocation des ressources et de structuration de la concurrence, par la loi ou l'investissement. Et ce, tant à l'intérieur du marché domestique qu'entre États ou vis-à-vis des très grandes entreprises de portée internationale.

Qu'on songe seulement aux dysfonctionnements majeurs et constatés unanimement en France du marché européen de l'énergie, qui au nom de la concurrence et de l'efficacité pour le consommateur, a mis en place un arrimage des prix de l'électricité et du gaz que des chocs exogènes tels que des guerres peuvent complètement enflammer, conduisant à des fermetures temporaires d'usines et de commerces, puis à des tensions sociales dont on sait pour le coup mesurer le coût économique. La capacité de l'État à tenir et réguler les prix par son contrôle juridique sur les grandes entreprises quasi monopolistiques de l'énergie, lui offre un poids économique de taille dans la lutte pour la compétitivité économique face aux nations rivales.

Les doctrines économiques associées à la privatisation des services publics conduisent selon Jon Pierre bien souvent à des erreurs de jugement qui peuvent se révéler dramatiques sur le plan économique et politique. Pensons encore ici à la réfutation que de nombreux économistes ont produite de la possibilité même d'une mise en concurrence des services publics hospitaliers pour maîtriser les coûts de santé nationaux, du fait du trop grand risque de constitution d'oligopoles (comme dans le cas du modèle américain qui est en proie à une désertification médicale du secteur public au profit d'un modèle de soin privatisé intégrant les assureurs aux groupes de cliniques sur un mode reconnu par l'administration Biden elle-même comme défectueux)[147].

Pire encore, toujours selon Jon Pierre, la marchandisation de l'État s'accompagne du paradigme du « citoyen-consommateur ». Les discours managériaux et leur « approche orientée client » ont pour effet direct de transmettre au personnel politique et à la haute fonction publique une conception prétendument dépolitisée, mais en réalité hyper-politique du fonctionnement des services publics et de la relation de l'État au citoyen. En réduisant ce dernier à un simple « usager » consommateur de services, et en généralisant le paradigme de la contractualisation permanente

147. Voir *Le Business de nos données médicales*, *op.cit.*, chap. 1.

(contrats d'objectifs et de performance entre administrations centrales et régions ou entre agences gouvernementales et ministères, délégations de services publics à des entreprises prestataires...), ainsi qu'en introduisant des systèmes de « tickets » où l'usager devient l'allocataire final de la ressource, on rompt certains équilibres sociaux clefs. Jon Pierre revient ainsi sur le modèle anglais de financement de l'éducation par l'attribution aux usagers de « tickets » leur permettant de choisir l'école de leur choix. Pas besoin d'avoir fait polytechnique pour savoir que cela a conduit à une descente aux enfers des établissements publics et à une hyper-ségrégation des catégories les plus modestes dans des écoles devenues non mixtes de fait[148].

La perspective de l'hypothèse « cadriste »

Dans *Managerial Capitalism*, les économistes Gérard Duménil et Dominique Lévy[149] proposent de décrire le monde économique contemporain comme une phase managériale du système capitaliste, reconfigurant l'ordre traditionnel de la conduite industrielle et financière. Il ne s'agit plus désormais de la maximisation du taux de profit, mais du compromis entre élites financières et élites managériales comme condition de l'optimisation de la captation de valeur économique dans les conditions actuelles de la mondialisation des capitaux et des chaînes de production. Le point de départ de la transformation néoli-

148. Voir Jon Pierre, « The marketization of the State: Citizens, Consumers and the emergence of the Public Market », *in* B. Guy Peters, Donald J. Savoie (éds.), *Governance in a Changing Environment*, McGill University Press, 1995. Voir également, sur le même sujet, Norman, J. Flynn, « A consumer oriented culture ? », *Public Money & Management*, vol. 8, n°1-2, 1988, p. 27-31.

149. Gérard Duménil et Dominique Lévy, *Managerial Capitalism Ownership, Management and the Coming New Mode of Production*, Pluto Press, 2018.

bérale initiée avec la fin des politiques régulatrices d'après-guerres ? Fin des accords de Bretton Woods et de la régulation du système monétaire international, des politiques fiscales et entrepreneuriales de stabilité socio-économique et dérégulation des marchés financiers... Tout cela débouche selon les auteurs sur une captation de la richesse produite non plus seulement et d'abord par le capital financier, mais par l'ensemble des revenus (salaires, parachutes dorés, intéressement) des élites de la classe managériale.

Le développement de la managérialisation de l'économie est un constituant essentiel de la répartition des revenus dans le rapport de production capitaliste contemporain. Selon Gérard Duménil et Dominique Lévy, il est possible de montrer que l'essentiel de l'accroissement des inégalités est constitué par la captation de la valeur économique liée aux salaires des classes managériales, les cadres dirigeants des grandes entreprises. C'est la classe managériale, dans l'entreprise comme dans l'État, qui est garante du pilotage intellectuel et opérationnel du capitalisme. Elle est le pivot de la circulation de valeur économique, des sphères de la production à celle de la propriété financière. L'exemple typique du rôle des cabinets de conseil dans ces transformations macro-économiques est le développement de leur activité de représentant des intérêts actionnariaux en cas de litige entre les dirigeants et les actionnaires, notamment via leurs prestations de direction d'intérim dans le pilotage des plans sociaux et les restructurations.

Par ailleurs, le centre de leur analyse est précisément de montrer le niveau d'inégalités internes au groupe d'entreprises les plus riches dans la distribution du pouvoir de contrôle sur la circulation du capital transnational. Selon leurs recherches, à peine 147 entreprises (parmi lesquelles AXA, BlackRock, Merrill Lynch,

Crédit Suisse) rassemblent à elles seules près de 40 % du pouvoir de contrôle sur les flux de capitaux mondiaux. Ces entreprises sont souvent clientes des sociétés de conseil, en particulier dans les phases clefs de fusion-acquisition entre grandes entreprises, comme le rappelle Isabelle Berrebi-Hoffmann[150]. Au regard de l'importance que revêt la « classe managériale » pour le cadre théorique dit « cadriste » de Duménil et Lévy dans le dispositif de pouvoir économique contemporain, on peut former l'hypothèse qu'au-delà du gestionnaire de fonds et du CEO des grands groupes, les managers des cabinets de conseil sont un des dispositifs clefs de l'implémentation de politiques économiques favorables à ce noyau central du pilotage capitalistique international.

Le fonds secret de McKinsey, MIO, dont l'existence a été révélée par le *Financial Times* en 2016, indique dans ses statuts la possibilité expresse de pouvoir investir dans les entreprises et dettes d'États que sa maison-mère conseille et audite, ce qui atteste d'un haut niveau d'intégration entre financiarisation et activité de conseil. En témoignent par exemple les scandales de conflits d'intérêts à répétition, dans le cas, classique, de ventes vraisemblablement frauduleuses de fleurons industriels, recommandées par ces groupes. Ce fut le cas récemment pour une filiale du groupe belge Nethys dédiée aux télécoms, sous l'impulsion du directeur de la branche belge de McKinsey[151].

---

150. Isabelle Berrebi Hoffmann, *op. cit*, « Les rapports de force entre dirigeants, actionnaires et sociétés de conseil prestataires évoluent lors des fusions européennes. Les actionnaires embauchent des cabinets pour contrôler les cabinets embauchés par les dirigeants. Les dirigeants avouent en interview que "le problème est de contrôler le cabinet de stratégie en organisation pour qu'ils ne prennent pas de décisions sans nous" (un dirigeant d'une grande banque française, lors d'une fusion). ».

151. Voir « Nethys : l'ex-directeur de McKinsey Belgique inculpé pour la vente de Win », *Le Soir*, 11 décembre 2021.

On peut penser également au scandale Enron au début des années 2000, au cours duquel des employés du leader du *consulting* Arthur Andersen (depuis disparu) se sont rendus coupables de délits d'initié liés à la vente à partie d'actions de l'énergéticien américain, du fait de l'absence de séparation véritable entre les activités d'audit et de conseil stratégique de l'entreprise, condition pourtant essentielle de la « probité » des membres du secteur. Plus récemment c'est le cabinet Ernst and Young (EY) l'un des leaders de l'audit, qui s'est retrouvé accusé de pratiques similaires à celles de l'affaire Enron, dans le cadre de la rocambolesque affaire « Wirecard », véritable château de sable de la finance numérique allemande[152]. La valeur boursière des entreprises est dépendante de l'existence même des cabinets tant au niveau de l'organisation logistique, informatique et stratégique[153] qu'au niveau de la certification et de l'audit des comptes.

Les cabinets de conseil comme agents actifs de la « bureaucratisation universelle » (perspective néo-wébérienne)

On l'a vu, les consultants des grandes firmes ont souvent prêché l'évangile d'une restructuration des services publics et des administrations au nom de la performance et de la montée en

152. Voir, « Le scandale financier Wirecard, une affaire Enron version allemande », publié sur 26 juin 2020, sur www.lemonde.fr. Également, « Scandale Wirecard : le cabinet d'audit EY visé par une enquête », 4 décembre 2020, sur www.lefigaro.fr.

153. On songera ici au cas du scandale « Purdue pharma » où McKinsey a piloté, au bénéfice des actionnaires et au détriment des citoyens américains, la stratégie de recentrage sur les activités de ventes d'opiacés. Voir par exemple, « McKinsey's role in opioid scandal happened under a boss who led the charge for stakeholder capitalism [i.e. : "responsible capitalism"], *Toronto Star*, 6 février 2021. Voir également « Behind the Scenes, McKinsey Guided Companies at the Center of the Opioid Crisis », *The New York Times*, 29 juin 2022.

compétences technologiques. Le motif principal de justification politique et économique de ces opérations tient essentiellement à la réduction de la dépense publique et la simplification de l'accès des citoyens aux services.

Dans les faits, on l'a vu également, on est en droit de s'interroger sur l'efficacité économique d'une telle conception de l'action publique : l'inflation des coûts liés tant au montant des prestations du conseil privé qu'aux pertes de compétences justifiant une addiction à ces mêmes prestations, sans parler des risques de doublons probables en l'absence d'une véritable « tour de contrôle », dans le cadre des politiques d'agencification et de décentralisation de la responsabilité politique et budgétaire. À cela s'ajoutent des coûts socio-économiques liés aux dysfonctionnements que ces pratiques provoquent dans les services (hôpitaux, stocks stratégiques, armée, éducation nationale…). Mais si l'on se fixe seulement sur le plan de l'inflation des agences, des coûts des administrations en termes de fonctionnement et du recours à des cabinets de conseil, force est de constater que le dogme de « l'État post-wébérien » d'Osborne et Gaebler a du plomb dans l'aile.

• *Le New Public Management et ses avatars modernes (open government, new public administration, État-plateforme)*

C'est ce que défend Béatrice Hibou dans son article « Lire la bureaucratisation avec Weber[154] », qui avance l'idée d'une continuité et non d'une rupture entre les politiques et discours néo-managériaux ou post-néomanagement, et la notion wébérienne du pullulement bureaucratique comme condition de possibilité

154. Béatrice Hibou, « Lire la bureaucratisation avec Weber », dans Nicolas Matyjasik et Marcel Guenoun (dir.), *op. cit.*

du développement du capitalisme industriel et financiarisé moderne. C'est en effet, comme le pensait Max Weber[155], sur la base de la croissance des capacités d'organisation bureaucratique des activités économiques que se développe le capitalisme. À rebours d'une réduction de la bureaucratisation, le mouvement historique porté par le management moderne démultiplie les procédures de type bureaucratique qu'elle prétend combattre : citons, par exemple, la numérisation des activités, qui, du domaine médical au domaine administratif ou financier, n'a pas produit la destruction d'emplois annoncée par les économistes, mais a plutôt contribué à créer de nouveaux métiers du type *data analyst* et des nouvelles procédures (logiciels, tableurs, méthodes d'enregistrement et de recoupement) adossées à l'enregistrement et au traitement des données massives. L'économiste libéral péruvien, Hernando de Soto Polar[156], perçoit lui aussi la capacité d'une société à disposer d'institutions légales et de dispositifs bureaucratiques et technologiques garantissant ces enregistrements comme la condition essentielle de la production de valeur économique contemporaine.

L'ordinateur, envisagé d'abord comme outil de conservation, classification et traitement, de milliards d'informations légales et administratives apparaît ainsi comme la clé de l'émergence d'une économie ultra-financiarisée où la moindre production matérielle ou le moindre geste peut devenir un marché potentiel sous la figure du désormais célèbre « capitalisme distribué » (fondé sur une approche « orientée client », visant à l'hyper-segmentation des marchés de consommation), mué en « capitalisme

155. Notamment dans Économie et société (1921).

156. Hernando de Soto Polar, *Realizing property rights*, Rüffer & Rub, 2006.

de surveillance[157] ». La doctrine numérique des services publics pour les agences de transformation de l'administration consiste quant à elle à réduire les services publics à un ensemble de guichets centralisés de données[158]. Loin du dépassement de Weber, l'État et l'entreprise néo-managériaux contemporains sont donc hyper-bureaucratiques par nature.

Les chercheurs Christopher Pollitt et Geert Bouckaert[159], spécialistes mondiaux de l'histoire des doctrines contemporaines de réforme de l'administration, défendaient ainsi l'idée d'une continuité profonde entre les avatars idéologiques du New Public Management et la « bureaucratisation universelle[160] » comme forme caractéristique de l'organisation sociale. On assisterait selon eux à l'émergence d'un mode « néo-wébérien » de gouvernance politique et entrepreneuriale, à rebours des idées d'Osborne et Gaebler et de leur notion « d'État post-wébérien »,

---

157. Pensons ici au développement de l'Internet des objets connectés (IOT, *Internet of Things*), de la domotique aux objets connectés de santé, et au développement du métavers reposant sur des outils de réalité virtuelle enregistrant littéralement les moindres faits et gestes de nos organes, qui risquent de marchandiser chaque dimension au sens propre et de créer un marché avec ses titres, actions, anticipations de valorisation, sur chaque partie du corps. C'est ce que Shoshana Zuboff appelle « l'injonction à la restitution totale du corps » dans le « Capitalisme de Surveillance » contemporain. Voir S. Zuboff, *op. cit.*, et A. Boulard, S. Woillet, E. Favier-Baron, *op. cit.*

158. Tim O'Reilly, « Open Data and Algorithmic Regulation », *in* Brett Goldstein, Lauren Dyson (éds), *Beyond Transparency : Open Data and the Future of Civic Innovation*, Code for America Press, San Francisco, 2013.

159. Voir leur analyse, étudiée en détail par Laurence E. Lynn Jr, « What Is a Neo-Weberian State ? Reflections on a Concept and Its Implications », *NISPAcee Journal of Public Administration and Policy*, n° 1, 2008. Elle se réfère à l'édition de 2004 du livre de Pollitt et Bouckaert, *Public Management Reform : A comparative analysis*, Oxford University Press, 2004.

160. Max Weber, « Parlement et gouvernement dans l'Allemagne réorganisée. Contributions à la critique politique du corps des fonctionnaires et du système des partis », *Œuvres politiques* (1895-1919), Albin Michel, 2004, p. 334. Cité par Béatrice Hibou, *op. cit.*

pourtant toujours présente, au moins comme idéal, dans les discours actuels sur la réforme et l'efficacité administrative.

L'essor de « l'économie de la certification »

L'un des points macro-économiques clefs de ce mouvement de bureaucratisation continue de l'ensemble de la sphère publique et de la sphère privée, accélérée par l'informatisation, est précisément l'essor des méthodes et organismes de certification. Dans le domaine du management, la notion de « contrôle qualité » encadrant les procédures intellectuelles et les pratiques de la réforme administrative, sont intrinsèquement corrélées à l'adoption des standards internationaux de l'International Standards Organisation (ISO). Les normes des séries ISO 9000, et plus particulièrement la norme 9001 donnant les procédures de certification internationales du contrôle de la qualité du management, peuvent être perçues comme la clef de voûte d'un édifice à la fois idéologique et macro-économique qui tend à l'explosion du recours à l'audit externe réalisé par des consultants privés dans les organisations publiques et les entreprises[161].

Michel Rocard, reconnu comme nous l'avons vu au chapitre précédent comme l'un des acteurs historiques majeurs de la néo-managérialisation de l'administration, était lui-même attaché – comme le furent Edouard Balladur et Jacques Chirac par la suite – à cette vision de l'économie liée aux cercles de qualité et aux certifications internationales. En témoigne la production du

161. C'est d'ailleurs, outre le caractère « d'usine à gaz », sans garantie de « qualité » ou d'efficacité réelle de ces standardisations rassurantes pour les dirigeants et leurs attachés en communication, l'un des points critiques majeurs de ce système. Voir par exemple, Frank Barnes, « Good Business Sense Is the Key to Confronting ISO 9000 », *Review of Business*, printemps 2000.

rapport commandé en 1992 par les ministères en charge de l'Industrie, de la Consommation et de l'Agriculture, intitulé : « La certification, clé d'un nouvel essor économique[162] ». Rédigé par un rocardien historique, le député Alain Brune, ce texte montre l'importance pour les gouvernements français successifs des années 1990 de l'adoption d'une vision du monde dont les maîtres réels ne sont malheureusement pas les pouvoirs publics.

L'ubérisation et les cabinets de conseils

Les cabinets de conseil sont prompts à recommander en permanence la numérisation tous azimuts de l'État, des services publics et de la sphère économique. Le problème tient à ce qu'ils sont dans ce cas juge et partie[163] : les rapports qu'ils rédigent soit sous la commande publique, soit à leur initiative, mais en vue de l'obtention de marchés publics apparaissent ainsi comme un levier majeur de justification de leur intervention au sein de l'administration et des entreprises comme installateurs de ces nouvelles technologies[164], prestataires de gestion et formateurs en nouvelles pratiques professionnelles. Cependant, l'efficacité concrète des productions des consultants, en particulier dans le domaine de l'informatique, est souvent difficile à évaluer et se

162. Voir Alain Brune, « La certification, clé d'un nouvel essor économique », rapport édité par le ministère de l'Industrie, des Postes et Télécommunications et du Commerce extérieur en 1992.

163. Le rapport de l'Institut Montaigne « E-santé, augmentons la dose ! » de 2020 est réalisé à partir des données chiffrées de McKinsey, et a influé sur la perception que la Banque publique d'investissement a pu avoir du secteur, en témoigne la recension élogieuse du rapport sur son site bigmeda.bpifrance.fr.

164. Souvent sous la forme de logiciels professionnels ou de modes d'utilisation des technologies *cloud* des GAFAM pour faire du traitement en intelligence artificielle des données.

voit souvent épinglée dans la presse[165]. Les sociologues Frédéric Pierru[166] et Isabelle Berrebi-Hoffmann montrent dans leurs travaux que la structure même du mode de fonctionnement de ces prestations rend bien souvent difficiles la mesure de la qualité ou de la réussite opérationnelle des projets ainsi menés. Frédéric Pierru explique que l'action des cabinets de conseil reçoit régulièrement un accueil mitigé de la part des fonctionnaires qui sont amenés à travailler avec eux ou à récupérer les modes d'organisation et les services technologiques ou RH qu'ils fournissent : « Pour l'administrateur civil précité, la forme emporte le fond, car les *patterns* dont usent (et abusent) les consultants dans leurs *PowerPoint* formatent l'espace du pensable pour les hauts fonctionnaires chargés de porter la réforme. Autrement dit, la mise en forme par les consultants des principes d'organisation arrêtés lors des réunions du groupe ne serait pas neutre ou transparente : elle aurait pour effet d'imposer la logique des outils des consultants, élaborés hors de l'administration, dans le secteur industriel, aux concepteurs de la réforme, particulièrement sur le volet "ressources humaines[167]. »

Selon Isabelle Berrebi-Hoffmann, en particulier en ce qui concerne les sociétés de conseil en informatisation des services, les SSII, les liens hiérarchiques – et donc le contrôle qualité

---

165. Voir par exemple « Cabinets de conseil : Capgemini, le coûteux prestataire dont l'État ne sait plus se passer », *Le Monde*, 9 juillet 2022 : « L'État a confié au moins 1,1 milliard d'euros de missions à Capgemini en cinq ans. L'omniprésence du cabinet fait grincer des dents au sein de l'administration, où des voix dénoncent missions coûteuses, projets ratés, opacité et de conflits d'intérêts. »

166. Voir Frédéric Pierru, « Le mandarin, le gestionnaire et le consultant. Le tournant néolibéral de la politique hospitalière », *Actes de la recherche en sciences sociales*, vol. 194, n° 4, 2012, p. 32-51.

167. Voir Frédéric Pierru, *op. cit.*

pouvant aller avec – sont contredits par la technicité des tâches demandées. Le manager est souvent dépassé par son subordonné et il en va de même au bout de la chaîne pour le commanditaire public. La sociologue résume ainsi le problème : « Rien ne garantit en fait la qualité de la prestation, les consultants peuvent déployer des efforts d'inégale ampleur. Le contrôle est d'autant moins aisé que les responsables hiérarchiques sont souvent dépassés techniquement. On comprend dans ces conditions que la relation employeur/employé se rapproche d'un modèle client/fournisseur, voire en relève directement. Ainsi, dans certaines entreprises de conseil en informatique – surtout aux États-Unis – une proportion non négligeable des employés est constituée de free-lance, c'est-à-dire d'entrepreneurs individuels non-salariés facturant des honoraires[168]. »

Pour l'économiste Jason E. Smith[169], la numérisation des économies et services publics, évangile des cabinets de conseil, peut être lue comme la cause historique d'une nouvelle répartition des revenus qui crée une stagnation économique. L'ubérisation[170] produit en effet une casse sociale et une stagnation économique liée à la contraction des salaires et de la stabilité de l'emploi peu qualifié. Appliquée aux services publics, elle accompagne le mouvement de l'individualisation des prestations sociales, en vue de leur contraction budgétaire. En limitant l'efficacité de la circulation de valeur, en concentrant la totalité dans les professions intellectuelles et en renforçant tous

168. Voir Isabelle Berrebi-Hoffmann, *op. cit.*

169. Jason E. Smith, *Smart Machines and Service Work: Automation in an Age of Stagnation*, Reaktion Books, 2020.

170. Que de nombreux « réformateurs stars » de nos administrations tels que H. Verdier, P. Pezziardi et L. Létourneau ne cessent d'appeler de leurs vœux.

les jours un peu plus la massification d'un sous-prolétariat hautement déqualifié de jobs ubérisés (livreurs, centres d'appel, *gig workers*, travailleurs précaires encadrés par de nouvelles plateformes d'intérim ou spécialisées dans un secteur comme le baby-sitting, les cours particuliers, les techniciens de surface, la logistique...), cette tendance économique tue la croissance selon J.E. Smith. La *smile curve* décrite avec une franchise désarmante par Stan Shih, fondateur d'Acer[171], devrait ainsi nous inciter à une forme de prudence quant aux promesses de croissance mirifiques vantées par les cabinets privés qui vendent le développement de technologies de surveillance toujours au service d'une segmentation accrue des populations afin de se créer des opportunités de marché, qu'on pense seulement au *e-learning* ou à la e-santé, reposant sur l'accès des entreprises privées aux données privées des citoyens[172].

---

171. Représentation graphique du capitalisme actuel, où l'effondrement des coûts de production et les délocalisations, adossés à l'essor des technologies de l'information et de la communication modernes, déplacent la valeur ajoutée à un niveau inégalé dans l'histoire entre les seules mains des professions intellectuelles du design, de la R&D et du marketing et services de distribution et commercialisation. Il est cité par Cédric Durand dans son ouvrage *Technoféodalisme* (La découverte, 2021) en guise d'illustration des conséquences sociopolitiques de ces transformations macro-économiques, qui ouvrent la voie selon l'auteur à une « reféodalisation du lien social », à travers les monopoles des entreprises technologiques dont dépendent l'intégralité des marchés, et de la constitution d'une « glèbe numérique », sorte de semi-esclavage moderne dans lequel chaque salarié, chaque utilisateur de ces services participe à travers la captation et l'analyse de ses données, à un vol de la valeur ajoutée au profit des classes victorieuses de la « *data economy* ».

172. Reportons-nous ici au rapport « E-santé, augmentons la dose ! » (2020) de l'Institut Montaigne, ou encore à l'article de Shoshana Zuboff, « Creating value in the age of distributed capitalism », publié dans la revue *McKinsey Quarterly* en 2010, et plus récemment son ouvrage beaucoup plus critique, *L'Âge du capitalisme de surveillance*, Zulma, 2020.

Un renforcement du modèle présidentialiste

Enfin, dernier effet à la fois macro-économique et politique que nous étudierons ici, l'impact des cabinets de conseil sur le renforcement du présidentialisme et la réduction des pouvoirs de contrôle des parlements et des peuples sur l'élaboration des politiques publiques et les grands choix stratégiques des États. Les chercheurs en sciences politiques actuels constatent une dynamique objective de renforcement du présidentialisme à travers le monde[173]. L'un des événements historiques majeurs permettant de mieux comprendre ce phénomène est à chercher du côté du Brownlow Comittee, organisé à la demande de Roosevelt à partir du 22 mars 1936. Aussi appelé The President's Committee on Administrative Management, cet organe de conseil du Président a servi de base à l'élaboration du Reorganization Bill de 1937, dans lequel le pouvoir exécutif prétendait limiter certains pouvoirs de contrôle parlementaire, comme ceux de l'équivalent américain de la Cour des comptes, le Comptroller general, ainsi que la relation des parlementaires avec certaines agences gouvernementales dans le cadre de leurs prérogatives de contrôle de l'action de l'exécutif. Cette première version de la loi ayant suscité un tollé considérable, une nouvelle version est produite et adoptée sous la forme du Reorganization Act de 1939. Il s'agit d'un un composé de réformes réorganisant et fusionnant de nombreuses agences spécialisées dans des organisations intégrées rattachées à des ministères ou des branches des services de la Maison-Blanche (comme le « Cabinet »). L'une des premières mesures appliquées fut la mise en place de l'Executive Office of

173. Voir, par exemple, Eymeri-Douzans, Jean-Michel, Xavier Bioy, et Stéphane Mouton, *Le règne des entourages. Cabinets et conseillers de l'exécutif*, Presses de Sciences Po, 2015.

the President, ainsi que l'instauration d'un droit d'embaucher six collaborateurs spéciaux de son choix pour l'assister dans sa gestion quotidienne des affaires courantes, en sus de l'ensemble des collaborateurs officiels[174]. La Maison-Blanche devient une sorte de gouvernement bis, avec un quasi-dédoublage de l'ensemble des directions et agences des autres ministères. Bien que l'intention initiale de Roosevelt fût l'application vertueuse de son plan de réforme de l'économie au service d'une véritable politique de la demande et du soutien aux ménages, aux salaires, aux chômeurs et à l'industrie, adossée à une politique fiscale enfin juste, les sondages d'opinion de l'époque montrent une opposition majoritaire de la population à un renforcement du pouvoir présidentiel[175].

Les trois membres du Brownlow Comittee, Louis Brownlow, Charles Merriam, et Luther Gulick sont parmi les plus importants représentants de l'invention du management moderne et de la fusion des modes de fonctionnement de l'entreprise et de l'administration. Gulick est ainsi généralement associé à l'acronyme POSDCORB (*Planning, Organizing, Staffing, Directing, Co-Ordinating, Reporting and Budgeting*) qui sert à décrire l'activité du dirigeant d'entreprise moderne. Il a élaboré ce concept en lien avec un consultant du monde de l'entreprise, pionnier de l'application des idées de Fayol aux entreprises et administrations américaines : Lyndall Urwick.

Guidé par des conseillers intellectuellement et professionnellement proches du consultant en organisation contemporain, Roosevelt, animé des meilleures intentions du monde – et,

174. Voir Richard Polenberg, *Reorganizing Roosevelt's Government : The Controversy Over Executive. Reorganization, 1936-1939*, Harvard University Press, 1966.

175. John Dickerson, « The Hardest Job in the World », *The Atlantic*, mai 2018.

avouons-le, d'un programme économique qui laisse rêveur face à l'incurie de l'offre politique contemporaine – engage un mouvement de transformation profonde de la vie politique moderne et laisse libre cours au « règne des entourages » dans lequel la « fidélité politique » à l'employeur devient toujours plus le maître-mot de la vie publique. Une fidélité qui s'achète et où le conseiller spécial, provenant très souvent du secteur privé (et du conseil comme ce fut encore le cas de David Osborne pour Clinton) et pas du sérail politique, est perçu comme digne de confiance par le Prince, car intégralement redevable à ce dernier de sa position sociale.

Ce phénomène est proche de nous, il n'y a qu'à regarder la relation étroite qui lie Emmanuel Macron au cabinet McKinsey depuis la Commission Attali (reliée à la réforme des services publics et au dégrèvement de la dépense publique, dans un esprit transpartisan voulu par Nicolas Sarkozy, une fois n'est pas coutume), jusqu'à ses campagnes présidentielles, ou sa gestion de la crise du Covid en conseil de défense assisté par les consultants privés[176].

Conséquences sociales et macro-économiques du présidentialisme

De nombreux auteurs, tels que Matthew C. Klein et Michael Pettis[177], ou Marc Endeweld[178], relèvent la nature profondément macro-économique d'un tel changement politique. Le prési-

176. Voir « McKinsey, un cabinet dans les pas d'Emmanuel Macron », *Le Monde*, 5 février 2021.

177. Matthew C. Klein, Michael Pettis, *Les guerres commerciales sont des guerres de classe*, Dunod, 2021.

178. Marc Endeweld, *L'Emprise. La France sous influence*, Seuil, 2022.

dentialisme, en liant la destinée individuelle des chefs d'État au fonctionnement global des institutions politico-économiques, nous expose à une logique du risque permanent de substitution de l'intérêt personnel (en particulier électoral) à l'intérêt général : les suspicions de rétrocommissions liées à l'affaire des « frégates de Taïwan » sous la présidence de François Mitterrand ; les soupçons de rétrocommissions liés à des ventes de frégates à l'Arabie saoudite dans le cas de « l'affaire Karachi » pour les comptes de la campagne présidentielle d'Edouard Balladur en 1995 ; les accusations de financement illicite de campagne de Nicolas Sarkozy dans le cadre de « l'affaire libyenne » précédant chronologiquement l'intervention militaire de la France ; les soupçons sur l'existence de possibles conflits d'intérêts à la faveur d'un film de Julie Gayet à l'occasion de ventes de Rafales à l'Inde pour François Hollande[179] ; les soupçons sur la probité de la démarche de vente d'Alstom (sur laquelle il tente péniblement de revenir à présent) portée par Emmanuel Macron alors ministre de l'Économie en 2014, donnant lieu à un dépôt de plainte du député Olivier Marleix à la suite de son rapport sur le dossier.

Autant de scandales, autant de doutes légitimes sur la probité des récipiendaires des fonctions suprêmes de nos institutions. Autant de conséquences macro-économiques lourdes de conséquences pour nos vies quotidiennes, nos industries, nos emplois, pour l'équilibre démocratique des pouvoirs.

179. Voir « Inde : polémique autour de François Hollande et des avions Rafale », France Info, le 23 mars 2018 : « Deux ans plus tard, le contrat fait polémique. On apprend que le partenaire indien de Dassault a produit un film de Julie Gayet, la compagne de François Hollande. Face aux accusations de possible conflit d'intérêts, l'ancien président se défend en déclarant n'avoir pas eu son mot à dire. Cette déclaration a beaucoup fait parler en Inde, le mécène en question étant un ami du Premier ministre indien. L'opposition indienne parle d'escroquerie. »

Cause et conséquence de la présidentialisation, l'intensification du « règne des entourages » théorisé et rendu effectif par les théoriciens du management dépossède nos institutions de leur substance politique au profit de logiques opportunistes qui lient d'un peu trop prêt le destin de nos dirigeants et celui de nos économies.

5

Techniciens ou technocrates ?

Mutations de l'idéologie gestionnaire, de « l'ingénierie sociale » à « l'État-plateforme »

Le développement de l'éthos managérial véhiculé par les discours et pratiques des cabinets au quotidien dans les administrations occidentales depuis les années 1990-2000 a joué un rôle considérable dans la volonté de dépolitisation des questions économiques et administratives par les partis dits de gouvernement. Le paradigme de la « gouvernance », qui dissout la responsabilité politique et la capacité de clivage idéologique des acteurs publics, est lié à l'idée de normes internationales, de standards transcendantaux de politiques publiques efficaces et apolitiques, car portant exclusivement sur la « résolution de problèmes » techniques concernant les organisations, le management, la logistique ou l'implémentation de technologies et de nouvelles méthodes de travail qui leur sont associées. Nous allons à présent nous pencher sur les mutations des doctrines idéologiques et philosophiques sous-jacentes à ces transformations institutionnelles.

L'irruption des cabinets de conseil pose sans le dire la question de la technocratie au double sens du terme, c'est-à-dire à la fois comme gouvernement d'experts, de consultants qui se soustrait au débat public, et comme déploiement de moyens techniques et savants. Suivant le sillon déjà tracé en son temps par le New Public Management, il s'agit alors de délimiter ce qui relève des tâches administratives et gestionnaires à externaliser, des missions proprement régaliennes de l'État. Ainsi, cette expertise des sociétés de conseil se présente comme une forme d'ingénierie politique, mais exempte de toute politisation, tantôt comme outil qui se contente d'étudier la faisabilité de politiques décidées au sein de l'État, tantôt comme nécessité justifiée par la modernisation inéluctable.

Le conseil en management ou en stratégie, de même que l'évaluation de politiques publiques pour pallier la complexification de l'environnement technique, social et économique contemporain, créent des régimes de visibilité spécifiques. Ces modes d'interprétation, d'appréhension qui émanent des récits de consultants sont désormais plébiscités au sein de l'État et bénéficient d'une aura de prestige. Daniel Guttman et Barry Willner vont jusqu'à parler de véritable « gouvernement fantôme[180] » sous couvert d'apport de légitimité technique au discours politique. Or la technique n'est jamais que l'instrument

180. Daniel Guttman, Barry Willner, *The Shadow Government: The Government's Multi-Billion Dollar Giveaway of its Decision-Making Powers to Private Management Consultants, Experts, and Think Tanks*, Pantheon Books, 1976.

d'un discours politique. Sans en être son expression pure, elle conditionne en retour les normes politiques. La gamme de compétences que les consultants se voient confier est de plus en plus large, s'étendant aujourd'hui jusqu'au secteur régalien, malgré le caractère hétérogène du milieu du conseil et des exigences de marchés assez diverses. Le retard français sur la question par rapport au monde anglo-saxon n'est dû qu'à des circonstances historico-institutionnelles ainsi qu'à une résistance énarque que la RGPP aura tôt fait d'achever en 2007.

De manière peut-être analogue à la perte de savoir-faire industriel qui a résulté des délocalisations, il résulte de ce transfert de compétences au secteur privé une perte de savoir-faire organisationnel et administratif qui aliène l'État. Par ailleurs, ce transfert n'est jamais qu'un moyen au sens purement instrumental qui altère la capacité même de l'élite bureaucratique à penser ou à orchestrer l'action publique. Ces mutations de l'action publique s'accompagnent aussi du déploiement de moyens techniques, dont le dernier avatar en date est le modèle de l'État-plateforme, ainsi que de moyens savants en matière d'ingénierie socio-comportementale notamment à partir de l'exemple de la *nudge unit* de la société de conseil BVA.

Cette vision très technicienne de la gouvernance est taxée de solutionniste[181] parce qu'elle ne vise le plus souvent qu'à l'innovation aveugle et court-termiste sans autre horizon qu'une efficacité revendiquée, mais jamais clairement définie. Il s'agit de développer des projets informatiques à la hâte en faisant appel

181. Terme employé par Evgueny Morozov pour désigner une idéologie propre à l'innovation technique dans la Silicon Valley et qui considère que tous les problèmes de l'humanité se résoudront à plus ou moins long terme par la technologie. Voir Evgeny Morozov, *Pour tout résoudre, cliquez ici. L'aberration du solutionnisme technologique*, FYP éditions, 2017.

à des sociétés comme Capgemini sans interroger les véritables enjeux soulevés ni la perte de capacité technico-administrative sur le long terme, ni se doter de compétences solides en interne ou en concevant des services inadaptés aux besoins des citoyens. Or là encore, la « transition » numérique n'est pas une transition, mais une rupture profonde dans la culture administrative et la façon de gouverner.

Le recours croissant aux cabinets de conseils privés participe d'un processus plus global de latéralisation de la gouvernance étatique ou plutôt devrait-on dire para-étatique. Souvent invoquée sur le motif d'une plus grande intégration des parties prenantes, dont la société civile, cette latéralisation profite en réalité la plupart du temps à un monopole détenu par quelques grands acteurs du secteur privé. Une tendance déjà présente au sein même de la réorganisation de l'État qui réclame une logique horizontale, collaborative et en réseaux, pour décloisonner les administrations.

Le bouleversement de paradigme en faveur de l'État-plateforme, qui n'est pas sans lien avec le phénomène d'externalisation des tâches administratives, est parfaitement décrit par Henri Verdier (qui sera plus tard en charge de la direction interministérielle du numérique (DINSIC) et Nicolas Colin dans leur ouvrage de 2012 intitulé : *L'âge de la multitude : Entreprendre et gouverner après la révolution numérique*[182]. Le modèle d'État-plateforme procède en effet d'une triple rupture[183] à la fois juridico-métaphysique qui consacre la fin de l'État comme entité souveraine venant transcender le reste de la société, organisationnelle avec l'acceptation du principe de gouverner une « multitude »

182. Henri Verdier, Nicolas Colin, *L'âge de la multitude*, Armand Colin, 2015.

183. *Ibid.*, p. 250.

(concept emprunté à Michael Hardt et Antonio Negri[184]), et enfin opérationnelle avec la fin de l'administration en silos. Verdier et Colin ne s'en cachent pas, il s'agit là d'une redéfinition fondamentale de la relation entre l'État et ses sujets, entre l'État et la société. Cet aplanissement de l'autorité étatique, de sa verticalité s'effectue au profit d'une boîte à outils de normes concurrentielles qui vont du fonctionnaire au consultant, du droit au marché et à la régulation technique : « Nos solutions exploitent les meilleures "boîtes à outils" technologiques disponibles aujourd'hui pour vous permettre de suivre l'évolution des attentes du public et de vous engager avec lui de manière à optimiser son expérience [...] Notre équipe comprend la nécessité de trouver le juste milieu entre la politique, la prestation de services et la technologie pour créer une valeur durable et garantir le bien-être des citoyens[185]. »

Cette approche *goal-oriented* ou *problem-solving* se veut apolitique pour ne viser que la meilleure façon de mettre en place une politique publique. Mais ce critère d'efficacité recouvre généralement une réduction des dépenses publiques qui constitue déjà en soi un choix politique, dont les conséquences sont loin d'être négligeables. C'est précisément le cas de Capgemini, de loin le principal prestataire de la direction interministérielle de la Transformation publique (DITP) en la matière et qui n'a pas fait forte impression au sein du département comme nous le relate *Le Monde* : « compréhension limitée du sujet », « absence de rigueur sur le fond comme sur la forme », « valeur ajoutée

184. Michael Hart, Antonio Negri, *Multitude : Guerre et démocratie à l'âge de l'Empire*, La découverte, 2004.

185. Voir « Goverment Public Sector », sur www.capgemini.com.

quasi nulle, contre-productive parfois »[186]. L'article fait notamment part du rôle déficient de Capgemini dans le suivi technique du projet Scribe de dématérialisation des plaintes policières qui fut abandonné, de même que le remplacement du logiciel de paie de l'éducation nationale, dont la facturation s'élève à 263 millions d'euros échelonnés sur une décennie et qui sera lui aussi finalement abandonné, la faute à des retards et à une insuffisance technique de la part du cabinet de conseil français. Aux conflits d'intérêts, à la dépossession des compétences de l'État ainsi qu'au coût faramineux de ces prestations s'ajoute donc la médiocrité des services en question.

L'idée d'une gouvernance horizontale

Le cadre conceptuel que nous allons tâcher de restituer ici (de manière forcément partielle et partiellement artificielle) est une des généalogies possibles dont nous pouvons gager qu'elle sous-tend le phénomène d'externalisation administrative. Toutefois, la dépendance croissante à l'encontre des cabinets de conseil et de gestion coïncide avec l'objectif de transformation, de numérisation ou de plateformisation de l'action publique, au sein duquel l'idéologie côtoie le court-termisme opportun, l'effet de mode ou bien simplement le manque de vision politique propre à une gouvernance qui ne prend pour seul horizon que l'innovation technique et le solutionnisme. « Nous résolvons les problèmes complexes du secteur public grâce à la technologie » peut-on lire sur la page de présentation de Waypath consul-

186. Marc-Olivier Bherer, Entretien avec « Pierre Lascoumes : "Les allers-retours entre haute fonction publique et cabinets de conseil ont installé un cadre intellectuel commun au sein de ces élites" », *Le Monde*, avril 2022.

ting[187]. » Les soubassements idéologiques qui irriguent depuis l'outre-Atlantique les projets de gouvernance ouverte sur le modèle de la plateforme numérique californienne sont présents bien qu'ils ne soient pas forcément conscientisés par tous les acteurs du changement en question. Par exemple, l'idée d'une gouvernance transversale qui puisse mettre en relation l'État et le citoyen à la manière des plateformes numériques facilitant le rapprochement entre l'offre et la demande ne sera perçue par nombre des acteurs de ce changement que comme un des avatars de la modernité. Ce bouleversement idéologique est issu d'une culture politique américaine plus encline à ce genre d'expériences que la tradition européenne de l'État comme entité métaphysique surplombant ses sujets. C'est notamment aussi le cas de logiques gestionnaires qui instaurent un rapport de type contractualiste de l'État envers ses citoyens. Mais la fonction cosmétique des valeurs libertariennes rattachées à ces projets de réformes ne saurait masquer les enjeux structurels et économiques probablement moins novateurs, mais tout aussi déterminants que les idées néolibérales qui nous sont aujourd'hui familières.

En réalité, ce sont souvent les dispositifs techniques qui par défaut, ou plutôt, par leur *design*, érigent des normes culturelles, systématisant et automatisant des pratiques, des usages, des discours autour desquels il est possible de deviner une rationalité de gouvernance propre, comme en conclut Marie Alauzen dans son travail de recherche autour de l'État-plateforme en France : « Après plusieurs années d'observation de ce terrain, il me semble qu'il s'agit moins d'un dessein idéologique, d'un projet finalisé de réforme du rapport entre l'État et la société politique repé-

187. Voir le site waypathconsulting.com.

rable dans les succès du programme d'État plateforme, qu'un effet des transformations interactionnelles et scripturales précipitées par l'expansion des technologies numériques, de choix infrastructurels et des métamorphoses des savoirs de gouvernement dont le design, l'informatique et les sciences comportementales[188]. »

Ce détour par la fonction discursive des artefacts techniques au sein des administrations est nécessaire pour la raison qu'historiquement, la porte d'entrée des cabinets de conseil dans la gestion publique fut d'abord celle de l'expertise informatique. Ce transfert de compétence recouvre à la fois un aspect matériel (réseaux, machines…), une couche logicielle et un aspect de taxinomie ou d'identité des usagers (on pense notamment au passage de la dénomination de « citoyen » à « citoyen-usagers »). Les progiciels de gestion intégrée organisent la circulation de l'information au sein d'une institution, suscitent des effets de cadrage et régulent des conduites administratives. Ce qu'on appelle « architecture informatique », en se diffusant, provoque des logiques de reproduction, de continuité et régit des rapports entre individus et groupes sociaux, imposant des représentations du tissu social. Nous pourrions presque qualifier cette architecture de facteur de régulation des formes de gouvernance politiques et sociales, bien que l'impact de ces solutions informatiques reste le plus souvent imprévisible du fait de la marge d'incertitude technologique, d'erreurs, de réappropriation par les usagers ou des luttes d'identités professionnelles qui accompagne leur déploiement.

188. Entretien avec Marie Alauzen, « De "l'État-plateforme" au "citoyen usager", propos recueillis par Simon Woillet, Le Vent Se Lève, avril 2021.

Pour toutes ces raisons, la mise en gestion du social par l'informatique ressemble plus à une recomposition qu'à un grand remplacement des représentations socioprofessionnelles ou d'une culture administrative donnée.

Les vieux réflexes n'ont pas disparu, loin de là, puisque l'externalisation administrative, tout comme la « plateformisation » de l'État, participent de l'obsession plus familière d'amenuisement de l'administration publique. Cette injonction n'a pas pour effet d'accroître la participation extra-gouvernementale, en intégrant la société civile, mais profite plutôt aux cabinets de conseil qui bien souvent sont eux-mêmes à l'origine de la demande de réduction des administrations publiques dans l'objectif de décrocher des contrats publics. Si les propositions de base de l'État-plateforme de Verdier et Colin – inspirées du *Government as a Platform* de Tim O'Reilly[189] – insistent sur la nécessité de substituer à la réduction de l'administration publique une gestion citoyenne par le biais de solutions numériques collaboratives, sa mise en œuvre par l'administration même lui préfère une palette de compétences moins large, qui bénéficie souvent au consultant. Dans ce paradigme technocratique de l'*outcome* (résultat), la fonction publique et la valeur politique sont réduites à « l'efficacité », se voulant au-delà de toute idéologie pour ne réaliser que le bien commun, soit la marque probablement la plus distinctive de toute idéologie : la propension d'un discours idéologique à naturaliser son œuvre ainsi qu'à invisibiliser les contours de son hégémonie. Ce déplacement du point focal sur les moyens de mettre en œuvre cet « intérêt général », en le définissant le moins possible, sied parfaitement au récit que les consultants donnent d'eux-mêmes, de simples techniciens du

189. Tim O'Reilly, *Government as a Platform*, 2010.

politique qui s'occupent de la mise en œuvre, de la faisabilité d'une réforme ou d'une politique publique, mais ne prenant jamais part au processus qui fixe son orientation politique.

Les ingénieurs de la politique

La notion à laquelle nous pourrions rattacher le règne des gestionnaires, consultants et autres experts, est sans doute celle « d'ingénierie sociale », puisqu'elle implique, comme son nom l'indique, des « ingénieurs », des « techniciens » du politique. La tentative d'en retracer l'histoire intellectuelle au sens fort du terme semble d'autant plus contrariée qu'il ne s'agit pas d'un concept solidement ancré ni d'une doctrine, mais plutôt d'une vieille marotte, d'un état d'esprit qui traverse l'histoire de la gouvernance libérale depuis son émergence. C'est probablement Otto Neurath et Karl J. Popper, deux figures majeures du Cercle de Vienne qui en donnent la théorisation la plus aboutie à ce jour. Neurath en fait un art du « pilotage de la société », c'est-à-dire, contrairement à ce que Popper qualifie d'ingénierie sociale utopique de type platonicien, une intervention « ciblée », « ponctuelle », une « technique de la société »[190].

Ce type de gouvernance n'est pas sans rappeler les « technologies environnementales de pouvoir[191] » décrites par Michel Foucault, ou par Pierre Rosanvallon parlant « d'action bien calculée sur l'environnement d'un individu[192] ». Les techniques de

190. Otto Neurath (1882-1945), « Technik und Wirtschaftsordnung », *Dorns Volkswirtschafliche Wochenschrift*, n° 1823 du 17 janvier 1919 et n° 1824 du 24 janvier 1919, p. 221-227.

191. Michel Foucault, *Naissance de la biopolitique. Cours au Collège de France, 1978-1979*, Gallimard-Seuil, 2004, p. 266.

gouvernance par le milieu émergent selon Foucault à partir du XVIIIe siècle, notamment autour de la figure de Jeremy Bentham qui fait mention d'une technique d'éducation portée sur l'aménagement d'un environnement de façon à produire des effets d'apprentissages anticipés sur des sujets apprenants. Cette idée trouve une résonance contemporaine du côté des deux représentants du « paternalisme libertarien » que sont l'économiste Richard Thaler et le juriste Cass Sunstein. Ces deux théoriciens de l'économie comportementale sont à l'origine de la théorie du *nudge* qui consiste à influencer par des moyens détournés l'architecture de choix des individus, pour agir indirectement sur leurs potentialités d'actions. La désignation par le terme d'architecture est à prendre aussi bien dans sa déclinaison métaphorique que proprement matérielle. Il s'agit d'intervenir aussi bien dans l'environnement physique de l'individu, que dans son milieu cognitif en puisant dans un savoir comportemental en lien avec l'environnement.

Il subsiste toutefois une différence notable entre l'ingénierie sociale de Neurath et celle de l'économie comportementale dans le sens où celle-ci reposait sur une volonté de démocratisation de cet art du pilotage de la société aux citoyens : « L'époque des ingénieurs sociaux commencera quand chaque être humain s'intéressera à l'ordre économique et social. L'Aufklärung sociale et économique par la parole et l'image sera l'une des grandes tâches de la nouvelle ère de la mise en forme consciente de l'économie[193]. »

192. Pierre Rosanvallon, *L'État en France de 1789 à nos jours*, Seuil, « L'Univers historique », 1990, p. 120.

193. Otto Neurath, « Das gegenwärtige Wachstum der Produktionskapazität der Welt » (note 13), *Revue d'Allemagne*, p. 131.

Au contraire, l'ingénierie comportementale contemporaine s'intéresse justement aux limites, aux angles morts de la rationalité des agents pour contourner leur jugement réflexif. Les « ingénieurs » ici sont des psychologues ou économistes comportementaux, d'où peut-être un glissement de l'ingénierie « sociale » à l'ingénierie « comportementale », plus individualisante. Quoi qu'il en soit, la dépendance de l'État face aux consultants était déjà anticipée par Neurath pour qui ces ingénieurs « produisent une connaissance scientifique sur les populations dont le pouvoir politique ne peut plus se passer[194] ».

Le *nudge*, dernier avatar de la gouvernance *soft*

Un exemple récent de ce savoir comportemental mis à disposition de l'État est celui de sa collaboration avec la *nudge unit* de la société de conseil BVA lors de la crise sanitaire du Covid-19. Le *nudge*, que l'on peut traduire littéralement par « coup de coude » est une théorie imaginée par le prix Nobel d'économie Richard Thaler et le juriste Cass Sunstein. Ils la définissent ainsi : « Un *nudge* est tout aspect de l'architecture du choix qui modifie le comportement des gens de manière prévisible sans interdire d'options ni modifier de manière significative leurs incitations économiques. Pour être considérée comme un *nudge*, l'intervention doit être « facile et peu coûteuse à éviter[195] ». Il s'agit d'une théorie qui dérive de l'économie comportementale et qui tire son inspiration de deux sources majeures. Le *nudge* est

194. Nepthys Zwer, « "De la durabilité des courts de tennis…" L'ingénierie sociale d'Otto Neurath (1882-1945) ou l'art de piloter la société », *Revue d'Allemagne*, n° 48-1, 2016, p. 153.

195. Richard Thaler, *Cass Sunstein, Nudge : Improving Decision about Health, Wealth and Hapiness*, Yale University Press, 2008, p. 6.

avant tout tributaire des travaux du prix Nobel d'économie Herbert Simon et son modèle de rationalité limitée qui défie les paradigmes de l'économie classique au titre de leur prétendue réfutation par les données empiriques du comportement des consommateurs.

Ces modèles en effet présupposaient que nous agissions en tant qu'*homo economicus*, c'est-à-dire, selon des motivations absolument rationnelles, que nous étions à même d'identifier des buts et de concevoir de façon optimale nos moyens d'y parvenir. Or, ce que va montrer Daniel Kahneman, et ce sera la seconde influence majeure du *nudge*, c'est l'idée selon laquelle des biais cognitifs nous font dévier de nos objectifs rationnels et de la pensée logique. Ces biais ne seraient pas des anomalies, des exceptions, mais seraient constitutifs des formes et des limites de notre rationalité. L'exemple de biais cognitif qui est probablement le plus connu est celui du biais de confirmation ; nous avons tendance à sélectionner les informations qui corroborent nos opinions, et à rejeter les éléments qui risqueraient de les contredire.

Le *nudge* se propose de corriger ces écarts de raisonnement, pour aider l'individu à accomplir plus efficacement ses objectifs, à faire de meilleurs choix économiques, mais aussi à adopter des comportements vertueux ou altruistes en général ; le ministère de la Transition écologique et solidaire soutient ainsi le « *nudge* vert » pour accompagner la transition écologique, et recourt alors à la BVA nudge unit, qui est à l'origine de l'idée des fameuses auto-attestations. À la source de cette collaboration, un message d'Eric Singler, directeur général de BVA et fondateur de la BVA nudge unit publié sur le réseau professionnel LinkedIn (le 13 mars 2020) : « Le gouvernement semble découvrir avec stupéfaction que les humains ne sont pas raisonnables [...]

J'appelle solennellement (et humblement) les autorités à la constitution d'une task force d'experts en sciences comportementales pour travailler à côté des autorités de santé afin de concevoir des actions qui vont significativement renforcer l'adoption des gestes barrières. »

Ainsi, l'auto-attestation est conçue comme un moyen détourné de mettre le citoyen face à ses responsabilités et de ne rompre le confinement que pour des motifs impérieux. Singler a également participé à l'élaboration de certaines formules du discours d'Emmanuel Macron du 13 avril 2020 à propos des différentes « lignes » mobilisées pour faire face à une « guerre » contre le Covid-19. L'application TousAnticovid est criblée de *nudges* en tous genres : on ne cesse de rappeler en temps réel le nombre de contaminations et de vaccinations par jour, ainsi que le nombre d'utilisateurs de l'application pour encourager son téléchargement. Un contrat sans appel d'offres est passé entre BVA et l'État en septembre 2020 alors qu'un an auparavant, c'est la Behavioral Insights Team qui avait bénéficié d'un contrat à hauteur de 10,4 millions d'euros pour suppléer l'État dans l'expérimentation « des sciences comportementales appliquées aux politiques publiques ». En réalité, depuis 2017, c'est tour à tour Pôle emploi, la CAF du Var, la SNCF ou encore la région Grand Est qui ont eu recours à des consultants experts en *nudge*. Ainsi, le *nudge* s'est progressivement imposé comme « l'eldorado des consultants qui travaillent pour les services publics[196] ».

Emmanuel Macron a également eu recours à la BVA nudge unit lors de sa campagne pour rendre le site d'En Marche plus incitateur pour l'adhésion et l'octroi de dons. À en croire Audrey

196. Julie Marie-Leconte, « Le "nudge", manipulation douce pour temps de crise », France Info, avril 2021.

Chabal[197], c'est même l'entourage de ce dernier, d'Ismaël Emelien à Amélie de Montchalin (alors ministre de la Transformation publique et de la Fonction publique), en passant par Thomas Cazenave, ancien directeur adjoint de cabinet de l'actuel président, qui se voient conquis par le *nudge*. Il faut dire que sur le papier, il s'agit bien d'une technique peu coûteuse, et qui, selon les prétentions d'Eric Singler, grand promoteur du *nudge* en France, ne rogne pas sur les libertés individuelles. Le *nudge* est aussi une technique dont le succès repose précisément sur la discrétion de son déploiement, ce qui explique qu'on puisse le préférer à des politiques publiques plus classiques dont on anticipe le rejet. Le recours aux cabinets de conseil en général est ainsi un moyen de se défausser sur la responsabilité engagée par l'État lors de réformes impopulaires.

Enfin, en se drapant d'un label scientifique qui assure son sérieux, les stratégies comme celles du *nudge* ont pour avantage de naturaliser un choix d'orientation politique comme le suggère cette remarque de Pierre Bourdieu : « Une bonne partie de ceux qui se désignent comme sociologues ou économistes sont des ingénieurs sociaux qui ont pour fonction de fournir des recettes aux dirigeants des entreprises privées et des administrations. Ils offrent une rationalisation de la connaissance pratique ou demi-savante que les membres de la classe dominante ont du monde social. Les gouvernants ont aujourd'hui besoin d'une science capable de rationaliser, au double sens, la domination, capable à la fois de renforcer les mécanismes qui l'assurent et de la légitimer[198]. »

197. Audrey Chabal, *Souriez, vous êtes nudgés*, Éditions du Faubourg, 2021.

198. Pierre Bourdieu, *Questions de sociologie*, Éditions de Minuit, 1984, p. 27.

En effet, cette exigence de scientificité affichée par l'ingénierie sociale est également un moyen d'asseoir l'autorité nécessaire à diffuser un régime de vérité ou de visibilité, un récit à même de légitimer son action. Le type de pratique qui en découle sert également à maîtriser l'irrationalité des comportements aléatoires, imprévisibles, à dompter la spontanéité sauvage pour y préférer l'extension de l'empire du calcul et de la prédictibilité. L'argument des biais comportementaux est notamment mobilisé pour expliquer la défiance même des gouvernés à l'égard des pouvoirs publics, comme cela a été le cas durant la crise du Covid-19 dont la gestion communicationnelle a réduit des choix sanitaires et politiques à des enjeux pédagogiques. Elle est également le paradigme favori des experts politiques pour expliquer la perméabilité supposée des individus aux théories du complot eu égard aux campagnes de vaccinations.

Une autre difficulté posée par le *nudge* en tant que micro-dispositif est que ces pratiques débordent les logiques collectives et mutualisantes, en même temps qu'elles s'offrent difficilement au regard du législateur du fait d'une influence qui opère à un stade subconscient pour les individus. Alberto Alemanno défend que l'attrait que peut recouvrir le recours au *nudge* pour les gouvernants tient en partie au fait que « l'intervention prenant en compte le comportement réel des individus n'exige pas nécessairement d'avoir recours à une loi »[199]. Cette gouvernance, qui incorpore les connaissances des sciences comportementales en accompagnant les individus plutôt qu'en les contraignant, est préférée au caractère indifférencié et coercitif de la législation. L'adhésion remplace certes l'obéissance mais celle-ci ne semble

199. Alberto Alemanno, « L'Union européenne et le nudging », *The Tocqueville Review*, University of Toronto Press, vol. 37, n° 1, 2016, p. 21-37.

pas s'obtenir sur la base d'une réflexion politique ni publique puisqu'elle court-circuite les faiblesses du temps délibératif et démocratique en s'exerçant à un niveau individualisant et préverbal[200].

La technocratie comme achèvement de la politique : le déploiement d'une ingénierie cognitive pour corriger l'individu

Ces croisements de sciences éparses (neurosciences, sciences comportementales, sciences économiques et donc économie comportementale, etc.) servent à définir et attribuer le champ décisionnaire dans la collectivité. Il y a donc un enjeu d'allocation des ressources cognitives, de pouvoir allocatif dont les experts et ingénieurs sociocognitifs seraient les garants politiques. Le chiffon rouge de l'innovation constante et la peur du dépassement par le phénomène de disruption des institutions sociales par les nouvelles technologies est mobilisé pour motiver l'idée selon laquelle notre environnement serait devenu trop complexe, trop mouvant et qu'il requerrait une adaptation constante pour y remédier.

---

200. Le *nudging* d'Uber est un exemple de micro-directive qui a tendance à se soustraire au regard du législateur. En effet, Uber dispose de divers instruments (alertes, modes de calcul), en se contentant de définir des lignes de conduite à la fois pour les clients et les employés sans que cette architecture nécessite pour sa mise en place le moindre ordre ou instruction explicite. Pris isolément, ces dispositifs sont trop minimalistes pour faire l'objet d'une violation de droits constitutionnels, et les directives ne sont pas facilement conscientisées par les individus. En outre, les individus « nudgés » ne sont pas conscients que leurs actions découlent en partie des tactiques de l'architecte de choix, plutôt que de la propre évaluation des alternatives qui sont les leurs.

Cet impératif politique est facilité par un discours à prétention scientifique de la désuétude de notre équipement cognitif pour y faire face[201].

Le concept de multitude désigne le « cognitariat » qui produit de la valeur immatérielle par la création et l'échange intellectuel ou la production artistique et se positionnant ainsi au cœur de la valeur économique du capitalisme cognitif. Un type d'exploitation assez leste pour garder intacte la liberté de création ou la mise en commun des ressources. Mais sous la plume de Verdier et Colin le concept est vidé de sa charge critique pour une interprétation essentiellement tournée vers le potentiel d'innovation de ces phénomènes d'intelligence collective dont Wikipédia est une des réussites les plus marquantes. Du capital humain encore mal ou non exploité en somme. Il s'agit donc de faciliter la mise en relation, mais en fait, la captation de cet effort collectif de millions d'utilisateurs en interaction, au profit de l'industrie innovante qui bénéficie de la main-d'œuvre gratuite des développeurs ou utilisateurs de logiciels libres. Comme nous l'expliquent Gilles Jeannot et Simon Cottin-Marx[202], cette interprétation subit un ultime dévoiement aux mains du rapport annuel du Conseil d'État de 2017, qui emploie cette fois la multitude pour qualifier les *gig workers*, travailleurs des plateformes.

Entre en jeu ici une dimension supplémentaire des cabinets de conseils dans leur capacité à réunir, synthétiser, analyser de grandes masses d'information, telle la « classe vectorialiste »

201. C'est ainsi que les membres de l'Institut Sapiens, au premier rang desquels, Laurent Alexandre, ne cessent de mettre en circulation dans l'espace public cet argumentaire du dépassement des fonctions cognitives humaines, et particulièrement du plus grand nombre, pour une refonte du fonctionnement démocratique inspirée par les nouvelles logiques technologiques et gestionnaires que nous décrivons ici.

202. Gilles Jeannot, Simon Cottin-Marx, *La privatisation numérique : Déstabilisation et réinvention du service public*, Raisons d'agir, 2022.

décrite par Wark McKenzie[203] désignant les gestionnaires de plateformes numériques qui ont cette habilité à contrôler, transformer l'information en récit politique. Le *nudge*, en cela, est une arme typique de la technocratie réduisant la politique à une technique, esquivant la pluricausalité propre à la condition sociale de tout citoyen. Henri Bergeron qualifie lui le *nudge* d'objet cosmétique qui traite les symptômes d'un malaise social identifié comme une dérive comportementale isolée et inhérente à l'heuristique des biais cognitifs : « Ce n'est pas en mettant une chips rouge à l'intérieur d'un paquet de chips jaunes pour susciter une réaction de celui qui mange devant sa télévision que vous allez lutter contre l'obésité. Les causes de l'obésité ce sont la pauvreté, le lieu d'habitation, les aliments que l'on achète, etc. C'est le processus du lampadaire : à ne regarder un phénomène qu'au prisme d'une torche qui n'éclaire qu'une partie de la réalité, on s'empêche d'agir sur ses véritables déterminants[204]. »

Cette situation résulte d'un mélange de solutionnisme naïf, visant à croire qu'il serait possible d'influencer durablement le comportement de citoyens par des dispositifs gadgets, en même temps qu'un manque de courage ou de volonté politique qui empêche de concevoir les racines socio-économiques des interactions citoyennes. À défaut de grandes manœuvres politiques, la marge de gouvernance, du fait de l'impuissance autoprogrammée de l'État, se réduit à de la micro-politique ou à de l'ingénierie socio-comportementale dont les consultants sont les premiers tâcherons.

---

203. McKenzie Wark, Christophe Degoutin, « Nouvelles stratégies de la classe vectorialiste », *Multitudes*, n° 54, 2013, p 191-198.

204. Art. cit., France Inter.

L'État comme plateforme pour les intérêts privés

De toute évidence, la réduction même de la politique à une affaire d'ingénierie est là aussi cosmétique, et les cabinets de conseil ne sont pas que des intermédiaires, mais font également preuve d'une force propositionnelle, prodiguant constamment des études, des travaux, des suggestions. Tout cela concourt à une atmosphère intellectuelle homogène, jonchée de passerelles idéologiques entre les grandes Écoles, les administrations publiques, les entreprises ; tous pensent que l'État doit être modernisé selon une logique managériale émanant du secteur privé. Ce phénomène de « pantouflage » ou *revolving doors* – qu'on observait déjà depuis le tournant du NPM – dérive du paradigme conséquentialiste que nous décrivions plus haut : le nivellement des normes juridico-politiques (le droit et les fonctions régaliennes soumis par le marché, la régulation technique ou encore le *nudge*) remplit son rôle de désacralisation de la fonction publique et de l'autorité étatique dans lequel le caractère dit novateur ou efficace supplante la fonction symbolique sur laquelle les pouvoirs exécutifs ou judiciaires ont normalement la prééminence. De la même façon, le *benchmarking* et les études comparatives effectuées par les cabinets de conseil au sujet de pays, certes industrialisés, ne prennent pas en compte les disparités socio-culturelles qui permettraient pourtant de mieux contextualiser l'efficacité ou l'échec d'une politique donnée.

C'est sur ce modèle de mise en relation entre fournisseurs de solution *cloud* (Scaleway, OVH, Outscale, etc.) et services publics qu'interviennent des intermédiaires comme Capgemini (né de la fusion Cap Sogeti et Gemini Computer Systems en 1975), cabinet de conseil français et d'envergure internationale qui a débuté dans l'externalisation de services informatiques et participe même à l'annuaire électronique du Minitel dans les années 1980. Capgemini se chargera de négocier via une centrale d'achat publique les services *cloud* externes (les données sensibles ou stratégiques étant réservées à des solutions *cloud* internes) pour les administrations publiques.

Manifestement, Capgemini semble s'être attiré les faveurs de l'actuel gouvernement français. Comme nous l'apprend une enquête de Blast[205], en pleine crise sanitaire, l'Élysée nomme Cédric Bonamigo, ancien employé de Capgemini, en tant que sous-préfet en charge de la numérisation du service de correspondance adressé au couple Macron. Pour ce faire, le sous-préfet s'est empressé de requérir les services de son ancien employeur. Habitué de ce genre d'exercices, lui qui est passé du ministère des Armées à Capgemini (en charge de la numérisation du même ministère des armées), Cédric Bonamigo a tenté d'insuffler une culture de l'entreprise moderne qui n'est pas toujours compatible avec le devoir de rigueur du fonctionnaire public ou avec le respect des consignes sanitaires, celles-là mêmes qui ont été énoncées par le chef de l'État. Ainsi se sont répandus des *open spaces* en pleine période de confinement, l'organisation de pots réguliers ou des restrictions du télétravail à l'initiative de l'ancien employé de Capgemini.

Ce mélange des genres participe de la neutralisation de la charge quasi sacerdotale du secteur public en banalisant des logiques entrepreneuriales inadaptées aux missions de ces administrations. Il ne s'agit malheureusement pas d'un cas isolé comme le rappelle Blast toujours à propos des conflits d'intérêts entre des acteurs publics et Capgemini : « Ancien directeur de

205. Benjamin Jung, « Cabinet Capgemini : Le copinage et la pagaille du télétravail parasitent l'Élysée », Blast, avril 2022.

communication de la firme, Philippe Grangeon avait conseillé François Hollande avant de devenir co-fondateur d'En Marche et de supporter Emmanuel Macron [...] L'actuel chef de la Direction interministérielle de la Transformation Publique (DITP), Axel Rahola, nommé en février 2018, est quant à lui, l'ancien directeur de Capgemini[206]. » Il faut rappeler qu'après un redressement fiscal estimé à un montant de 17,3 millions d'euros, le cabinet de conseil proche du cercle de Macron s'en sort avec seulement 3,9 millions d'euros à sa charge après un bénéfice de 7,6 millions d'euros en contrats avec l'État sur la même année.

Gouvernance et gestion : le rôle ambigu de la technique en politique

Le principe même d'auto-perception par l'État de son action en termes de gouvernance pose le problème des ambiguïtés de la notion. Cette dernière définit l'ensemble d'arbitrages et de pratiques d'une autorité ayant vocation à gérer les procédures quotidiennes, routinières d'une organisation. Le penchant à l'automatisation, donc à l'informatisation, est donc contenu en germe dans l'application d'une telle définition à l'action de la haute fonction publique. La distinction entre tâche automatisable et donc apolitique et tâche relevant d'un arbitrage politique se dissout dans la généralisation du paradigme de la numérisation des services. Lequel est adossé à la croyance dans le pouvoir des algorithmes de produire un traitement miraculeux des données des citoyens, offrant clef en main des solutions irréfutables aux décideurs. Cette doctrine du « corrélationisme »

206. Blast, *op. cit.*

est dénoncée par les spécialistes des conséquences politiques de la numérisation des institutions.

La gouvernance confère un cadre de conduite aux activités de l'organisation lorsque la gestion concerne la mise en œuvre de ces activités sur une base régulière, automatisant les procédures et les conduites. Mais la distinction se complique par la propagation même des outils de calcul et de l'algorithmisation de la gestion étatique. En effet, la logique corrélationiste[207] des algorithmes est un exemple flagrant de brouillage des normes gouvernementales et gestionnaires, axiologiques et épistémologiques que Thierry Ménissier choisi de résumer ainsi : « Elle [l'IA] entretient également une confusion entre la logique de la performance technique et la doctrine de l'État, à partir de la ressemblance entre des notions pourtant irréductibles les unes aux autres, par exemple entre fiabilité et confiance, entre généralité et universalité, entre objectivité et impartialité[208]. »

Ce prisme algorithmique, qui donne l'illusion d'une gouvernance scientifique, du réel et par le réel même, n'est que la naturalisation d'un biais idéologique qui est ainsi soustrait à la scrutation démocratique. Un cas notable est celui de l'individualisation croissante du principe assurantiel par ciblage comportemental algorithmique, au détriment de la logique de socialisation et de partage des risques héritée du principe de sécurité sociale. Cette efficacité-là, en plus de se substituer de manière incrémentale à des principes fondateurs de la Ve République, masque une démarche qui, ne pouvant se réduire à sa propre technicité ni à son efficacité revendiquée, constitue un choix

---

207. La simple mise en relation statistique de deux variables prend une valeur de vérité et de prescription normative qui désarme l'analyse politique.

208. Thierry Ménissier, « Jusqu'où l'institution peut-elle être augmentée ? Pour une éthique publique de l'IA », *Quaderni*, n° 105, 2022, p. 73.

politique irréductible radicalement divergent du projet qui était celui du CNR. Un bouleversement qui, quoiqu'on puisse en penser, mérite au moins d'être traité comme tel, c'est-à-dire comme un virage politico-philosophique qui n'a pas vocation à s'émanciper du débat public.

La division spécieuse entre la conception de missions de services publics et leur réalisation, entre hauts fonctionnaires et « ingénieurs » du politique entraîne une dilution des responsabilités en faveur d'une micro-politique. Cette position confortable pour les décideurs politiques en prise avec des projets de réformes impopulaires permet, à raison d'une certaine technicité juridique et par additions successives, de remplir des objectifs politiques inavoués.

La philosophie politique censée définir les missions de service public est largement tributaire de leur mise à exécution, de la façon de les rendre opérantes. La capacité au double sens de l'expertise et de l'autorité sur les moyens de mettre en œuvre l'action publique est en réalité une emprise sur les orientations idéologiques et politiques qui définissent cette même action. Les « outils » techniques qui sont déployés sont des vecteurs politiques et culturels, ils proposent ou imposent un script qui prédétermine l'action ou la marge d'action des utilisateurs, et « façonnent les représentations à imaginer à partir du dispositif technique et de ses prescriptions (notices, contrats, conseils...)[209] ». Les objets techniques sont des acteurs discursifs à part entière et ne se réduisent jamais à la concrétisation ou à l'extension de l'action d'un discours politique préexistant. Ils articulent des réseaux relationnels entre les hommes, leur façon

209. Madeleine Akrich, « Comment décrire les objets techniques », *Techniques et culture*, Éditions de la Maison des sciences de l'homme, 1987, p. 3.

de percevoir et interagir avec le réel, ils se font à la fois le relais et le prolongement de notre action, en même temps qu'ils renvoient à leur propre finalité. L'appareillage technique qui mesure ou plutôt modélise le réel pour agir dessus détermine le prisme par lequel nous concevons ce réel. La logique comptable qui est souvent celle du *consulting* n'est donc pas qu'un bouleversement de moyens comme le suggère Alain Supiot : « Comme l'observe André Grimaldi dans le cas de l'hôpital public, le *business plan* remplace alors le projet de santé. La gouvernance par les nombres est pilotée par une coûteuse nomenklatura de facture postsoviétique, qu'une décentralisation en trompe-l'œil répand dans toutes les administrations publiques, tandis que le gros de ses agents est poussé, comme déjà évoqué, à la dépression, au surmenage ou à la démission. La dernière trouvaille imaginée pour faire face à cette crise des vocations est de recruter des contractuels, beaucoup mieux payés que les agents statutaires, et de précipiter ainsi la dislocation des collectifs de travail. Une fonction publique compétente et désintéressée est la colonne vertébrale de l'État ; la défendre ce n'est pas défendre le *statu quo* ni fermer les yeux sur les risques de sa dégénérescence corporative. Il s'agit plutôt de faire vivre et évoluer un type de relation de travail qui, à l'instar des idéaux des professions libérales, est ordonné sur le sens de la mission à accomplir et non sur un but lucratif[210]. »

210. Alain Supiot, « Des urnes au travail, nous assistons à la sécession des gens ordinaires », propos recueillis par Alexandre Devecchio et Martin Bernier, *Le Figaro*, 22 juillet 2022.

La technique institue les rapports et les médiatise

Les réformes néolibérales qui débutent dans les années 1980 facilitent les lieux d'hybridation entre fonctionnaires et gestionnaires du secteur privé. Des forums de discussions internationales définissent et démocratisent les outils de gestion, et tout le discours prescriptif qui en découle, ce fut notamment le cas du groupe PUMA de l'OCDE. Les standards de la gestion privée ont peu à peu pris le pas sur ceux de la gestion publique, le tout via une révolution incrémentale à la fois dans la culture administrative et à travers les fonctions discursives des outils de gestion. Les cabinets de conseil anglo-saxons ont défini des *practices* à destination du secteur public pour investir la recherche en interne et légitimer leur discours auprès de la fonction publique. Les consultants en question s'inscrivaient évidemment dans un modèle à l'anglo-saxonne bien plus que dans « la vénérable tradition des ingénieurs-conseils à la française[211] ». Le tout dans une atmosphère idéologique investie par la sociologie des organisations et son idéal anti-bureaucratique qui s'est répandu à la fois dans les administrations et les cabinets de conseil.

C'est ainsi que certains acteurs ont pu, sous couvert de participer à la modernisation des structures publiques, « en faire un champ d'expérimentation des outils néo-managériaux[212] » notamment à travers la direction générale de la Modernisation de l'État (DGME). Ce genre d'expérimentations n'était d'ailleurs pas totalement étranger aux élites réformatrices qui étaient déjà pour beaucoup acquis aux techniques du New Public Management.

211. Fabien Gélédan, « Les cabinets de conseil dans la Révision générale des politiques publiques » (RGPP), *En finir avec le New Public Management*, Institut de la gestion publique et du développement économique, 2019, p. 83.

212. Art. cit. p. 80.

Il n'est pas toujours d'opposition stricte entre consultants et fonctionnaires dans ce registre.

La réduction des réformes politiques ou des campagnes publiques à des critères techniques en fait des enjeux strictement pédagogiques ou communicationnels. L'assurance que confère la crédibilité « scientifique » des cabinets de conseils en matière d'action publique est un des facteurs de la crise institutionnelle et représentationnelle qui traverse le pays comme le confirme là encore Alain Supiot :

« Pour réconcilier les classes dirigeantes et les gens ordinaires, il faudrait aussi restaurer le débat politique, que le néolibéralisme dégrade en exercice de communication ou de propagande auprès de peuples présumés ignorant les principes d'une saine gestion technique. Cette conception est l'avatar contemporain de l'idée léniniste d'une avant-garde éclairée guidant les masses inconscientes des lois de l'histoire et de l'économie. Déjà Renan défendait "la légitime ambition de gouverner scientifiquement la société" et Engels annonçait le remplacement du gouvernement des hommes par l'administration des choses. Mais sous un tel "gouvernement scientifique", la fonction politique disparaît ; ce qui reste, c'est la pédagogie et les punitions : vous êtes face à des ignares, donc il faut leur expliquer comment ça marche et mettre au pas les fortes têtes.

La difficulté est que les gens ordinaires constatent tous les jours que cette avant-garde s'est trompée sur tout depuis quarante ans : sur les bienfaits supposés de la déréglementation financière, sur la convergence économique européenne promise dans la zone euro, sur la réorganisation de l'économie en chaînes internationales de production aussi fragiles que polluantes, sur l'assimilation des États à des entreprises, appelées à cultiver leur "avantage comparatif" plutôt que d'assurer à leur jeunesse les moyens de vivre décemment de leur travail sans être contraint à l'émigration[213]. »

Or, comme le défend Caroline Michel-Aguirre, le conseil en informatique n'est pas un sujet exclusivement technique. Il ne s'agit pas d'acheter des solutions logicielles ou des ordinateurs, mais de « concevoir le service public de demain », dont « l'interaction entre l'État et les citoyens ». Ainsi le « conseil en informatique détermine toute l'architecture des rapports entre citoyens et services publics ».

Numérisation à outrance : cheval de Troie d'un arraisonnement de l'État par des intérêts privés ?

Les premiers pas de l'informatisation administrative se font dans le continuum de l'État bureaucratique wébérien et s'incarnent dans de grands projets publics. Les années 1980 voient le déploiement d'outils de bureautique et de communication en même temps que les pratiques de gestion subissent une transformation dans le sens d'une convergence croissante entre méthodes organisationnelles du privé et du public. Ce virage participe également d'une individualisation du traitement des agents publics qui seront davantage monitorés (coïncidant avec le déploiement de la micro-informatique) dont les performances professionnelles seront disséquées et contrôlées. Puis est venu le temps de la généralisation des téléprocédures, des sites internet pour obtenir des renseignements administratifs et procéduraux, d'une automatisation des interactions d'usagers en même temps que d'une réduction du nombre d'agents publics.

213. Alain Supiot, art. cit.

La vague suivante est celle que nous connaissons actuellement, celle de l'État-plateforme, importé en France au travers d'Henri Verdier et de Nicolas Colin, et qui voient les choses en grand comme le montre ce passage de leur ouvrage : « Imaginons que cent applications proposent au contribuable des interfaces différentes, des expériences innovantes pour déclarer leur revenu et payer leurs impôts en ligne. [...] Que cent applications mélangent les ressources d'administration distinctes pour proposer un service unique intégrant plusieurs guichets : déclarer une naissance, inscrire son enfant à l'école, prendre rendez-vous pour une consultation à l'hôpital, déposer une plainte au commissariat. Que ces mêmes services se mélangent à d'autres n'ayant rien à voir avec l'administration : pouvoir faire ses courses, échanger des opinions sur des films ou des livres et, dans la même application, demander une aide au logement à la Caisse d'allocations familiales. Imaginons encore que tous les services rendus par l'administration puissent l'être dans notre compte Gmail, sur notre page Facebook ou en marge de notre fil Twitter[214]. »

La réalité des avancées du projet d'État-plateforme semble en l'état plus modeste, l'ère Macron a d'ailleurs vu l'effacement progressif des idées les plus ambitieuses ou horizontales de Verdier et Colin, en faveur d'une feuille de route plus classique et bureaucratique au sein de la DINUM. Pour autant, les dépenses de *consulting* en informatique pour la seule année 2021 s'élèvent désormais à 646,4 millions, contre 279 millions d'euros pour l'année 2018, soit 72 % de l'enveloppe totale accordée l'année dernière aux McKinsey, Accenture et autres Capgemini[215].

---

214. Henri Verdier, Nicolas Colin, *op. cit.*, p. 250-251.

215. Laurent Léger, « Cabinets de conseil : le beau cadeau des impôts à Capgemini », *Libération*, 1er avril 2022.

L'informatisation des services administratifs est la porte d'entrée historique des cabinets de conseils dans les affaires publiques et reste aujourd'hui la plus grosse part de dépense liée au *consulting*. Malgré la baisse de 15 % des dépenses auprès des cabinets de conseil annoncée par Amélie de Montchalin en janvier 2022, cela ne concerne guère le conseil en informatique. La fuite des cerveaux, qui bénéficie en partie aux cabinets de conseils, ou en tout cas au secteur privé, est pourtant selon Cédric O, secrétaire d'État à la Transition numérique, la cause principale des déficiences de l'État en matière d'informatique (18 000 informaticiens travaillent pour l'État actuellement), les salaires offerts par le secteur privé étant plus attractifs. Pour Pierre-Yves Baudot, professeur en sciences politiques à l'université Paris-Dauphine, il faut remonter au « Plan Calcul » sous De Gaulle visant à assurer l'indépendance technologique du pays pour comprendre cette situation. Sous Giscard d'Estaing, les investissements publics en la matière diminuent par crainte de ne plus faire le poids face aux concurrents américains, dont IBM, fragilisant les compétences informatiques de l'État face aux acteurs privés.

Rupture ou recomposition ? Le rôle de la DGME[216] dans l'entrisme du *consulting*

L'import de terminologies ou de méthodes anglo-saxonnes selon les standards internationaux et la méconnaissance des pratiques ministérielles françaises et de leurs spécificités n'empêche pas les consultants de s'approprier les outils de la réforme rocar-

216. Remplacée en novembre 2017 par la DITP.

dienne du service public. C'est en cela que l'on peut parler d'acculturation mutuelle plutôt que d'une substitution sèche de la culture administrative à la française. Ce syncrétisme s'établit aussi par la mise en place d'outils néo-managériaux qui imposent des contraintes de mesures, de communication et de résultats rapides. Ces vagues de réformes et de modernisation de l'administration s'articulent également sur des audits, ce qui renforce le sentiment de dépossession des ministères qui se voient « imposer des décisions auxquels ils n'ont pas été associés[217] ». C'est également l'audit qui favorise la contribution de consultants en privilégiant des critères financiers aux dépens de l'expertise des fonctionnaires.

Sous l'impulsion de la DGME et de la capacité à fournir des *benchmarks* imposant de fait des standards internationaux « sont nées les premières velléités d'expérimenter les méthodes de productivité venues de l'industrie comme le *lean management* qui connaîtra, entre 2009 et 2012 et sous l'égide de la DGME, une grande fortune dans de nombreuses administrations, à commencer par les tribunaux et les préfectures[218] ». Par ailleurs, les structures administratives soumises à de hautes pressions peuvent faire sporadiquement appel à des consultants pour alléger leur charge, au prix d'une immixtion non négligeable de la DGME dans leurs affaires. Ce genre d'intervention présentée comme une aide est aussi en réalité une obligation pour les ministères limités en termes d'effectifs et de ressources budgétaires. Ces pratiques ont permis de systématiser les modes de managements internes, de *reporting* et de contrôle qui viennent s'ajouter aux standards bureaucratiques de « respect des règles et

217. Art. cit., p. 88.

218. *Ibid*, p. 89.

de gouvernement par circulaire[219] ». Ces méthodes gestionnaires ne viennent donc pas se substituer aux vieilles méthodes de la bureaucratie wébérienne mais « en circonviennent les structures en installant des modes de légitimation parallèles[220] ».

Pour ces raisons, Fabien Gélédan préfère parler de « mise sous perfusion idéologique[221] » plutôt que de véritable « consultocratie » pour le modèle français, même si la pénétration idéologique des consultants se fait par des moyens variés, plus ou moins discursifs, rencontre des résistances ou du moins des réajustements à la faveur des arrangements institutionnels et des systèmes de contraintes complexes[222]. L'émergence, d'abord de 2007 à 2012, durant le mandat Sarkozy, d'un marché important pour les consultants, puis de 2012 à 2017, d'acteurs plus divers (designers, sociologues, et autres apôtres des « méthodes agiles » et petites mains de la technocratie à la française), est en tout cas une réalité. La tendance s'est alourdie sous le mandat d'Emmanuel Macron avec comme valeur cardinale celle de l'innovation incarnée par les nouvelles méthodes et outils gestionnaires.

219. *Ibid*, p. 90.

220. *Ibid.*

221. *Ibid*, p. 91.

222. *Ibid.*

Conclusion

Quelques pistes de réflexion

En guise de *terminus ad quem* de cet ouvrage, nous souhaitons porter à la connaissance des lecteurs – sans pouvoir prétendre épuiser l'ampleur du sujet, ni pouvoir rendre pleinement grâce à la richesse des contributions sur lesquelles nous nous appuyons[223] – quelques pistes de réflexion pour prolonger le riche débat sur l'avenir de notre démocratie que soulève, nous l'avons vu « l'affaire McKinsey » et ses conséquences politiques.

223. Nous plaçons néanmoins en annexe de cet ouvrage les 19 propositions des sénateurs afin de contribuer à leur diffusion auprès du public.

La nécessaire re-parlementarisation de la vie politique

Face à la présidentialisation continue des institutions – dont nous avons perçu le lien direct avec l'explosion du recours aux prestations de conseil auprès de l'exécutif – la re-parlementarisation de la vie politique et des organes de contrôle (tels que la Cour des comptes ou l'organisme d'analyse et de prospective France Stratégies aujourd'hui rattaché à Matignon) apparaît comme la condition *sine qua non* de la lutte contre la concentration des pouvoirs dont la consultocratie est la conséquence.

Une note de Benjamin Morel pour l'Institut Rousseau propose une réflexion allant en ce sens[224], en supprimant l'article 40 de la constitution actuelle, qui empêche très largement les parlementaires de proposer des lignes de dépense nouvelles dans le cadre de la loi de finances et donc de pouvoir agir substantiellement sur la société. Elle propose également de renforcer les pouvoirs du contrôle parlementaire, tant sur le plan de la possibilité de contrôler efficacement l'efficacité des lois après leur mise en place, que sur le plan de la surveillance accrue de l'action gouvernementale, en particulier par l'opposition. Il s'agit également de renforcer le contrôle du Parlement sur sa propre action législative et sur le débat public, en lui redonnant plus de poids dans la fixation des ordres du jour (dans le cadre des semaines d'initiatives parlementaires par exemple)[225]. Comme le

224. Benjamin Morel, « Une nouvelle République des citoyens, 50 propositions pour renouveler nos institutions », Institut Rousseau, 9 novembre 2020.

225. Voir Benjamin Morel, « Une nouvelle République des citoyens : 50 propositions pour renouveler nos institutions », sur le site de l'Institut Rousseau, 9 novembre 2020, notamment – mais sans exclusive – les propositions 7 « Modifier l'article 40 de la Constitution à dessein qu'il ne soit pas applicable lors de l'examen d'un projet de loi de finances, et que l'irrecevabilité ne puisse être invoquée que par le gouvernement

rappelle Benjamin Morel : « Donner le temps au Parlement, ce n'est donc pas mettre la France à l'arrêt. C'est donner aux assemblées la capacité de voter des textes mieux construits. Ces derniers peuvent alors mieux viser l'intérêt général. Par ailleurs, un texte mal écrit donne le pouvoir à deux acteurs non élus : l'administration, qui doit les traduire en mesures directement applicables ; le juge qui, devant des dispositions absconses, doit bien trancher en interprétant. Donner le temps au Parlement, c'est donc aussi renforcer la démocratie. »

La commande publique, instrument de contrôle politique et démocratique

La redéfinition du rôle macro-économique de l'État apparaît comme la solution la plus efficace sur le plan économique pour lutter contre l'empire idéologique et institutionnel de la consultocratie. Ainsi, la commande publique doit être envisagée

lors de l'examen d'un projet ou d'une proposition de loi, en séance ou en commission » ; 9 « Au chapitre XI du Titre 1er du Règlement de l'Assemblée nationale, prévoir qu'une semaine sur les deux laissées à l'initiative des chambres est réservée à l'examen de textes proposés par les commissions permanentes » ; 10 « Modifier l'article 45 de la Constitution à dessein de proscrire l'amendement sur un texte à la suite d'une Commission mixte paritaire conclusive, sauf en vue de rectifier une erreur matérielle dûment constatée par la commission compétente » ; 11 « Au chapitre V du Titre de III du règlement de l'Assemblée nationale, prévoir l'audition systématique du ministre en commission un an après le vote d'une loi. Sur proposition d'un tiers des membres, une mission spéciale est chargée d'établir un rapport sur les conséquences de la loi » ; 12 « Au chapitre XI du Titre 1er du règlement de l'Assemblée nationale est prévu que les propositions de loi issues de la mission d'évaluation sont inscrites prioritairement à l'ordre du jour sur la semaine d'initiative parlementaire » ; 13 « Ajouter un nouvel article à l'ordonnance n° 58-1100 du 17 novembre 1958 prévoyant que la chambre, par la voix de la mission d'évaluation statuant à la majorité, a intérêt à agir par voie de recours pour excès de pouvoir en cas de non prise dans un délai raisonnable des actes réglementaires nécessaires à l'application d'une mesure législative ou en cas d'illégalité de l'un d'eux » ; 22 et 23 pour ne mentionner qu'elles.

comme instrument de politique industrielle et de contrôle démocratique (et fiscal) en vue d'un développement efficace et non invasif des intérêts marchands pour la sphère publique. C'est ce que démontre l'économiste Mariana Mazzucato, membre du Conseil économique de l'Organisation mondiale de la santé et auteure du best-seller *L'État-entrepreneur*[226]. À travers une étude fouillée et chiffrée du modèle économique réel des grandes entreprises du numérique et des industries pharmaceutiques américaines, elle démontre le rôle fondamental du financement public dans l'émergence de géants tels que Tesla, Amazon, Google ou Microsoft.

Qu'il s'agisse de la commande publique, notamment via les gigantesques contrats de plusieurs milliards proposés par les services du Pentagone ou du Department of Defense – rendant *de facto* inattaquables devant l'OMC ou les autorités européennes de la concurrence, ces soutiens publics à l'industrie –, ou qu'il s'agisse des financements directs par les agences publiques de recherche et d'encadrement des filières industrielles et scientifiques, ou par les États fédéraux eux-mêmes, la démonstration de l'économiste est sans appel : le mythe du garage californien a la vie dure…

Le modèle des agences telles que la Defense Advanced Research Projects Agency (DARPA), à l'origine de nombreuses technologies de ruptures telles que le réseau ARPANET ayant donné naissance à l'internet moderne, l'écran tactile équipant nos smartphones, ou le GPS – et plus récemment le robot Big Dog développé par Boston Dynamics –, devrait nous inciter à penser une agencification de financement des filières industrielles

226. Voir Mariana Mazzucato, *L'État entrepreneur. Pour en finir avec l'opposition public-privé*, Fayard, 2020.

et pas seulement comme outil de réduction de la dépense publique ou de numérisation et de simplification administrative.

L'INRIA pourrait ainsi être sortie des critères de performance actuels (en particulier bibliométriques) qui de l'avis même des chercheurs nuisent à leur métier, pour s'orienter vers ce type de fonctionnement qui articule la recherche publique au secteur privé, sous contrôle de l'État, mais garant d'une capacité de déploiement et de diffusion large des innovations par les compétences logistiques qui peuvent lui être propres[227].

La culture de la concurrence comme norme suprême de la vie économique, portée par la Commission européenne, et dont on voit les effets miraculeux sur les marchés de l'énergie aujourd'hui ne paraît plus adaptée à la férocité de la compétition internationale actuelle et à l'immensité des enjeux liés à la transformation écologique et géostratégique de nos modes de production.

L'argent public, la commande publique, la recherche publique sont des garanties de structuration efficiente des secteurs industriels, puisque l'État peut assumer les risques importants liés à la recherche et développement (R&D), essentielle à l'innovation. C'est déjà selon Mazzucato ce qu'il fait dans la plupart des pays en assumant l'essentiel des coûts de la recherche pharmaceutique à travers ses agences nationales de recherche et ses universités, avant que les startups ne rachètent les brevets. L'économiste démontre ainsi le rôle de *market shaper*, « sculpteur de marché » que joue l'État. Mais d'autre part, le soutien public à l'industrie et la recherche, condition essentielle du développement écono-

227. Répartition des rôles suggérée comme la plus efficace par Mazzucato. On rappellera également avec profit les travaux du Conseil d'État sur les limites du modèle actuel de l'agencification pour prendre pleinement la mesure des changements à accomplir. Voir par exemple le discours d'introduction réalisé par Jean-Marc Sauvé le 19 octobre 2012 à l'occasion du colloque « Les agences : une nouvelle gestion publique ? », sur le site du Conseil d'État.

mique, apparaît également comme un moyen efficace de réguler démocratiquement le comportement des entreprises au bénéfice du plus grand nombre. En donnant un droit légitime au contrôle (en particulier parlementaire pour les financements liés aux agences aux États-Unis), les fonds publics ouvrent la porte à une meilleure répartition des richesses dès lors qu'ils sont assortis légalement de conditions redistributives (fiscalité plus élevée sur le capital en compensation du soutien étatique, obligations de relocalisations et de garanties d'emploi, contrôle de la propriété intellectuelle et de son inaliénabilité à des puissances étrangères...).

La fin de la culture de l'irresponsabilité politique face aux prestataires privés

La dissolution des responsabilités politiques à travers l'externalisation privée pose des problèmes démocratiques fondamentaux. Ainsi de la désormais célèbre « réunion Zoom » de pilotage de la politique vaccinale Covid du ministère de la Santé, dirigée par un consultant de McKinsey, illustre le délitement du sens de la responsabilité politique dans l'écran de fumée de l'expertise prétendument « apolitique » et orientée *problem-solving*, de la gestion publique actuelle[228]. Le journal *The Nation*, à tra-

228. Voir à ce propos, « Dominique Costagliola : "Le storytelling de McKinsey sur le Covid n'est pas scientifique" », *L'Express*, 6 avril 2022, on peut y lire : « Dans un grand entretien accordé à *L'Express*, l'épidémiologiste et biostatisticienne déplore l'absence d'une vraie vision de santé publique sur l'aération des bâtiments ou l'usage du masque, qui, dans le futur, pourrait devenir un outil utile pour les personnes touchées par une maladie contagieuse respiratoire. Elle critique aussi le "storytelling", notamment développé par le cabinet McKinsey, sur "l'endémicité" du Covid-19, qui ne serait plus que l'équivalent d'une simple grippe. »

vers son enquête sur le marché de la consultance privée auprès du gouvernement américain pour les prestations de renseignement militaire, nous donne une illustration extrême des risques démocratiques d'évaporation de la responsabilité des dirigeants politiques et administratifs derrière le recours aux cabinets[229]. En l'absence d'un contrôle démocratique, parlementaire, médiatique et citoyen de l'action de l'exécutif, ce genre de dérives inacceptables est condamné à se reproduire. C'est pourquoi il faut construire une nouvelle culture de la responsabilité politique, appuyée sur les travaux parlementaires, scientifiques et journalistiques, qui engage l'éthos des gouvernants autrement que sur le mode procédural issu des résidus de New Public Management, sur lesquels nos élites vivent en « mode automatique » sans réflexivité critique.

La redéfinition du rôle de contrôle démocratique de la puissance publique sur les parcours d'études des futurs serviteurs de l'État

La reprise de contrôle démocratique sur l'industrie du conseil passe également par le renforcement du contrôle sur les conflits d'intérêts possibles entre formateurs des futures élites politico-administratives et cabinets de conseil. Quand on sait par exemple que de hauts cadres de McKinsey sont professeurs à Sciences Po, tels que Karim Tadjeddine, ou que le nouveau patron de Polytechnique nommé en 2018 est un ancien de

229. On peut notamment penser au cas extrême du cabinet Booze Allen qui est resté funestement célèbre pour avoir fourni des interrogateurs aux prisons d'Abou Grahib en Irak, la contractualisation permettant à l'État américain de se camoufler et d'abandonner la responsabilité de ses pratiques.

McKinsey, on est en droit de s'interroger sur les orientations intellectuelles et idéologiques que ces derniers vont donner à leurs étudiants, nos futurs gestionnaires.

Face à cet état de fait, et à titre de provocation pour favoriser, par la polémique, le débat public sur ces questions cruciales, pourquoi ne pas soutenir l'obligation de service public en sortie des grandes écoles disposant d'un système de financement des étudiants-fonctionnaires (tels que l'École normale supérieure et polytechnique) en supprimant par la loi toute possibilité d'évitement financier (interdiction du rachat de dette par les entreprises par exemple). En particulier pour les ingénieurs des grandes écoles publiques, et ce, afin de lutter contre la fuite des cerveaux que l'ancien secrétaire d'État au Numérique, Cédric O, identifiait lui-même comme une des raisons principales des insuffisances informatiques de l'État.

L'argument souvent opposé de la fuite des cerveaux vers le privé en cas de perte d'attractivité des débouchés des grandes écoles en termes salariaux ne saurait rester plus longtemps sans un examen logique approfondi : qu'est-ce qui lie vénalité et intelligence ? Quelle preuve empirique apporter à l'hypothèse d'une corrélation forte entre envie de gagner un gros salaire et génie ? Le manque de patriotisme et le goût de l'argent avant le goût du service public serait-il devenu une vertu républicaine à part entière, voire une condition de l'intelligence et de la compétence ? Quant à l'argument de l'importance d'une expérience dans le secteur privé pour accroître la compétence des futures élites administratives, que ne propose-t-on une logique de stages d'observation rémunérés et fortement encadrés par les écoles elles-mêmes et donc par la puissance publique ?

La fin du recours permanent au conseil privé au profit de la recherche publique

De nombreux observateurs, à commencer par les sénateurs et le Conseil d'État eux-mêmes, invitent à sortir de l'idée préconçue qu'à chaque difficulté politique se trouve une défaillance de l'administration[230] et incitent les pouvoirs publics à recourir davantage à l'analyse scientifique professionnelle. La note de David Stoléru et François Expert pour l'Institut Rousseau, intitulée « 10 propositions pour un programme commun[231] », propose ainsi la création d'une « Agence parlementaire des politiques publiques », qu'ils décrivent en ces termes : « Agence Parlementaire des Politiques publiques, rattachée au Parlement et chargée de mener, en amont et en aval de la délibération parlementaire, des évaluations conformes aux standards scientifiques internationaux. Sur le modèle du "Congressional Budget Office" (CBO) établi en 1974 pour assister le législateur aux États-Unis, cette institution produirait, à la demande des parlementaires ou de sa propre initiative, des travaux offrant une perspective complémentaire aux informations dont disposent les administrations centrales. Composée de hauts fonctionnaires et de chercheurs, elle serait appelée à entretenir des relations étroites avec le monde académique, où l'évaluation des politiques publiques

---

230. Voir également, Isabelle Berrebi-Hoffmann et Pierre Grémion, *op. cit.* : « Les penseurs de l'organisation et du changement antibureaucratiques apparaissent comme acteurs de l'avènement d'une pensée dominante au sein des élites intellectuelles, politiques et dirigeantes, pensée dominante qui convertit tout problème public et économique en termes de dysfonctionnements et sous-efficience organisationnelle. »

231. Voir cette note du 25 août 2021, sur le site de l'Institut Rousseau. Ils citent ainsi le modèle de l'École d'économie de Paris qui a, par exemple, développé l'Institut des politiques publiques (IPP), en partenariat avec le Groupe des écoles nationales d'économie et de statistique, afin de favoriser la recherche scientifique dans le domaine de l'évaluation des politiques publiques.

s'est fortement développée. Ses agents pourraient enfin disposer, sur le modèle des "inspections" de l'administration centrale, d'un droit d'accès privilégié aux données publiques et administratives. »

En finir avec la gestion budgétaire austéritaire des services publics

Comme le préconise le collectif Nos Services Publics, ainsi que le rapport des sénateurs, il convient de restaurer les compétences opérationnelles dans l'État, ce qui ne consiste pas seulement à éviter la délégation des productions. Il s'agit aussi de faciliter leur contrôle par les autorités administratives et parlementaires tout en garantissant l'existence d'un management compétent interne aux services et administrations, des gens capables par leur compétence professionnelle technique, de comprendre les enjeux de pilotage global des projets et équipes, et *de facto* de pouvoir ainsi mesurer et évaluer la pertinence et l'efficacité opérationnelle des productions. Sinon, on le voit aujourd'hui, c'est le cercle vicieux de l'externalisation qui se renforce elle-même, engendre un surcoût et expose à une défaillance critique de la puissance publique quand – et cela est fréquent – le prestataire est en réalité inapte à la réalisation de la tâche et que les compétences internes font toujours défaut, faute d'une embauche adéquate d'agents publics compétents. Arnaud Bontemps parle ainsi de la nécessité d'une « loi de programmation de la réinternalisation de toutes les fonctions stratégiques au sein des services de l'État »[232].

---

232. Voir la note « 160 Md€ d'externalisation par an. Comment la puissance publique sape sa capacité d'agir », publiée sur le site du collectif Nos Services Publics.

La fin du pantouflage

Le sociologue Luc Rouban se prononce quant à lui pour des mesures visant à une interdiction pure et simple du pantouflage et du rétro-pantouflage dans la haute administration. Une telle démarche pourrait commencer en ciblant d'abord les fonctions de magistrature et les organes de contrôle recourant structurellement aux cabinets de conseil, en particulier la Cour des comptes. Dans une interview au site Dalloz Actualités, il s'exprime en ces termes : « Je suis un réformateur radical, il faut interdire le pantouflage. Je suis politiste aussi. Je viens de regarder ce qui ressort du grand débat… Ce phénomène crée le sentiment que les hauts fonctionnaires n'appartiennent plus à une élite, mais à une oligarchie. C'est-à-dire à un petit groupe restreint qui a tous les pouvoirs, qui se promène indifféremment dans le public et dans le privé. Avec des situations intolérables. J'ai beaucoup étudié les grands corps et leurs carrières. Quand vous voyez qu'un membre de la Cour des comptes va changer sept fois d'entreprises en dix ans, il faut arrêter de nous raconter de belles histoires pour les petits enfants qui consistent à dire que le pantouflage va apporter à l'administration des connaissances sur l'entreprise privée. Ce n'est pas vrai. Ce n'est pas du tout le même métier ni le même univers. Donc il faut interdire le pantouflage, sauf peut-être pour des stages d'un ou deux mois. Mais les allers-retours ! Cela devient indécent à une époque où vous avez une demande de moralisation, d'honnêteté, de rigueur, etc. Qui porte beaucoup sur le personnel politique bien sûr. Mais l'ennui, c'est qu'il y a une partie de la haute fonction publique qui est compromise dans cette affaire. Donc, si on aime le service public, qu'on le montre en y restant. Je ne vois vraiment pas pourquoi on devrait mettre en danger cette belle réussite qu'est le service public français par des comportements qui sont ou clairement intolérables, voire condamnables, ou du moins créent de la suspicion dans l'opinion publique. »

Annexe

Les 19 propositions de la commission d'enquête sénatoriale

• En finir avec l'opacité des prestations de conseil

1– Pour plus de transparence, publier la liste des prestations de conseil de l'État et de ses opérateurs :

• Dans un document budgétaire, annexé au projet de loi de finances ; et en données ouvertes, pour permettre leur analyse.

• Préciser dans cette liste l'objet de la prestation, son montant, le cabinet de conseil sélectionné et ses éventuels sous-traitants.

2– Assurer la traçabilité des prestations des cabinets de conseil en :

• Exigeant que chaque livrable précise le rôle qu'ont joué les cabinets dans sa conception.

• Interdisant aux cabinets de conseil d'utiliser le sceau ou le logo de l'administration.

• Cette traçabilité devra demeurer en cas de publication de tout ou partie des livrables des cabinets.

3– Présenter les missions de conseil dans le bilan social unique des administrations, pour permettre aux représentants des agents publics d'en débattre.

• Mieux encadrer le recours aux consultants

4– Rationaliser le recours aux accords-cadres de conseil, en particulier pour les accords-cadres de la direction interministérielle de la Transformation publique (DITP) et de l'UGAP et uniformiser les conditions de ces recours.

5– Prévoir un examen systématique de la DITP, avec avis conforme, pour toutes les prestations de plus de 150 000 euros (contre 500 000 euros dans la circulaire du 19 janvier 2022).

6– Cartographier les compétences au sein des ministères et élaborer, avec l'appui de la direction générale de l'Administration et de la Fonction publique (DGAFP), un plan de réinternalisation pour mieux valoriser les compétences internes et moins recourir aux cabinets de conseil.

7– Systématiser les fiches d'évaluation des prestations de conseil et les rendre publiques.

- Appliquer les pénalités prévues par les marchés publics lorsque le prestataire ne donne pas satisfaction.

8– Les administrations doivent s'assurer contractuellement que les cabinets de conseil auxquels elles recourent respectent l'emploi de termes français tout au long de leurs missions et notamment dans leurs livrables.

- Le non-respect de ces exigences pourra être considéré comme un manquement au contrat.

• Renforcer les règles déontologiques des cabinets de conseil

9– Confier à la HATVP (Haute Autorité pour la transparence de la vie publique), une nouvelle mission de contrôle des cabinets de conseil intervenant dans le secteur public, pour vérifier le respect de leurs obligations déontologiques.

• Renforcer les moyens de la HATVP pour assurer cette mission

10– Lorsqu'ils ne respectent pas leurs obligations déontologiques, interdire aux cabinets de conseil de se porter candidats aux marchés publics.

11– Faire signer par les cabinets de conseil, dès le début de leur mission, un code de conduite précisant les règles déontologiques applicables et les moyens de contrôle mis en place par l'administration.

12– Imposer une déclaration d'intérêts aux cabinets de conseil, à leurs sous-traitants et aux consultants, afin que l'administration puisse identifier et prévenir les risques de conflit d'intérêts.

- En cas de doute, permettre à la HATVP de contrôler ces déclarations d'intérêts et de sanctionner les déclarations mensongères ou incomplètes.

13– Instituer une obligation de déclaration à la HATVP, par les cabinets de conseil, de leurs actions de démarchage auprès des pouvoirs publics.

- Publier la liste de ces actions tous les ans, en données ouvertes.

14– Interdire aux cabinets de conseil de réaliser des prestations gratuites *pro bono* pour l'État et ses opérateurs.

15– Maintenir la possibilité pour les cabinets de conseil de réaliser des missions de mécénat dans les secteurs non marchands couverts par la loi Aillagon de 2003 (culture, éducation, social, humanitaire, etc.).

Pour plus de transparence :

- Déclarer ces missions auprès de la HATVP.
- Publier la liste de ces missions tous les ans, en données ouvertes.

16– Prévoir un contrôle déontologique systématique de la HATVP :

- Lorsqu'un responsable public part exercer une activité de consultant (pantouflage) ; ou lorsqu'un consultant rejoint l'administration (rétropantouflage).

17– Lorsqu'un responsable public devient consultant, l'obliger à rendre compte de son activité à la HATVP, à intervalles réguliers (tous les 6 mois) et sur une période de 3 ans.

• Mieux protéger les données de l'État

18– À l'issue de la mission, prévoir la destruction systématique des données confiées aux cabinets de conseil.

- En cas de doute, permettre à l'administration de saisir la CNIL pour qu'elle puisse diligenter des contrôles.

19– Faire réaliser par l'Agence nationale de sécurité des Systèmes d'information (Anssi) un référentiel d'audit de la sécurité des systèmes d'information attendue des prestataires réalisant une mission de conseil pour l'État et ses opérateurs.

- Faire figurer dans les pièces nécessaires pour candidater à un appel d'offres public l'attestation de réalisation de cet audit.

Biographie des auteurs

• **Audrey Boulard**

Diplômée de l'École normale supérieure de Lyon en philosophie, Audrey Woillet est responsable de la rubrique numérique du média en ligne Le Vent Se Lève (LVSL).

• **Simon Woillet**

Professeur de philosophie, doctorant en littérature comparée, Simon Woillet est responsable de la rubrique idées du média LVSL et membre de l'Institut Rousseau. Il a dirigé l'ouvrage collectif *Gouverner par l'image. Les nouvelles architectures du pouvoir à l'ère numérique*, Le Bord de l'eau, 2021.

• **Eugène Favier-Baron**

Eugène Favier-Baron est doctorant en philosophie des médias et des techniques à l'université Grenoble-Alpes, ainsi qu'à l'université Libre de Bruxelles.

Audrey, Simon et Eugène sont les co-auteurs du livre *Le Business de nos données médicales*, FYP Éditions, 2021.

• **Adrien Saint-Fargeau**

Étudiant à l'École normale supérieure, Adrien Saint-Fargeau est analyste politique pour différents médias.

• **Benjamin Morel** (Préface)

Benjamin Morel est docteur de l'École normale supérieure Paris-Saclay et maître de conférences à l'université Paris 2 Panthéon-Assas.

Achevé d'imprimer en novembre 2022, en France
sur les presses de La Nouvelle Imprimerie Laballery
58500 Clamecy (Nièvre)
Dépôt légal : novembre 2022
Numéro d'impression : 210587
ISBN : 978-2-36405-223-9